NANCY RUE

Was für
Mädchen

Über die Autorin

Nancy Rue war als Lehrerin an einer Privatschule tätig, arbeitete als Jugendleiterin in einer Gemeinde und leitete Theater-Workshops und Ferienlager. Sie verfasste Hunderte von Kurzgeschichten und Artikel für Jugendzeitschriften. Darüber hinaus hat sie eine Vielzahl von Ratgebern für Jugendliche sowie Romane verfasst. Nancy hat eine erwachsene Tochter und lebt mit ihrem Mann in Tennessee.

NANCY RUE

Was für Mädchen

Coole Tipps zum Frauwerden

Aus dem Englischen übersetzt von
Marion Achenbach

Verlagsgruppe Random House FSC-DEU-0100
Das für dieses Buch verwendete FSC®-zertifizierte Papier *Enso Classic 95*
liefert Stora Enso, Finnland.

Die amerikanische Originalausgabe erschien im Verlag Zonderkidz,
Grand Rapids, Michigan 49530 USA, unter dem Titel »Body Talk«.
All rights reserved.
© 2007 by Nancy Rue
© der deutschen Ausgabe 2013 by Gerth Medien GmbH, Asslar,
in der Verlagsgruppe Random House GmbH, München

Die Bibelstellen wurden der Neues Leben Bibel entnommen.
© Copyright der deutschen Ausgabe 2002 und 2006
by Hänssler Verlag im SCM Verlag GmbH & Co. KG, Holzgerlingen

Bestell-Nr. 816770
ISBN 978-3-86591-770-6
Lektorat: Verena Keil
Umschlaggestaltung: Hanni Plato
Umschlagfoto: Shutterstock
Satz: Greiner & Reichel, Köln
Druck und Verarbeitung: CPI – Ebner & Spiegel, Ulm
Printed in Germany

Inhalt

KAPITEL 1: Was geht hier eigentlich vor? 7

KAPITEL 2: Von Brüsten, BHs und
anderem Mädchenkram 29

KAPITEL 3: Lebenslänglich? 47

KAPITEL 4: Startschuss für Couch-Potatos 75

KAPITEL 5: Rund ums Essen 95

KAPITEL 6: Wenn es bis zum Himmel stinkt 123

KAPITEL 7: Die Sache mit den Jungs 139

KAPITEL 8: Gute Entscheidungen treffen 157

KAPITEL 9: Veränderungen 177

KAPITEL 1:

Was geht hier eigentlich vor?

Conny steckte ihre Nase in die Chipstüte. Nicht, weil sie so verrückt nach dem Inhalt war. Keiner sollte merken, dass die anderen Mädchen auf der Pyjamaparty über ein Thema sprachen, von dem sie keinen blassen Schimmer hatte.

»Wenn du deine Periode bekommst, ist das echt total schmerzhaft«, erklärte Anna Adams gerade.

Was meinte sie nur mit »Periode«?

»Hast du deine schon?«, fragte Nina neugierig.

Anna schüttelte den Kopf. »Nein. Ich habe mich vor einem Monat erst einmal mit BHs eingedeckt und laufe seitdem nicht mehr ohne rum.«

Einen BH? Wozu das denn? Conny warf einen verstohlenen Blick über den Rand ihrer Chipstüte und sah zu Anna hinüber. *Gütiger Himmel! Die hat tatsächlich schon einen Busen. Wie war das denn so schnell passiert?*

»Echt? Guck mal, was *ich* jetzt immer mache.« Sophie zog das Bein ihrer Schlafanzughose hoch und zeigte stolz ihren Unterschenkel.

»Alter! Du rasierst dir die Beine?«, staunte Nina.

Also, das tat *garantiert weh!*

»Auch unter den Armen«, klärte Sophie sie auf.

Sie zuckte gleichgültig mit den Achseln, als sei das das Normalste auf der Welt. Nina und Anna starrten Sophie mit weit aufgerissenen Augen an, als wenn diese plötzlich fünf Jahre älter wäre und ihnen nun gönnerhaft gestattete, sich in ihrer Nähe aufhalten zu dürfen.

Was ist mit all den Themen, über die wir uns bei unseren früheren Pyjamapartys unterhalten haben? Über Puppen und Aufkleber und darüber, wie wir am besten einen nervigen Jungen mit einer Wasserbombe erschrecken konnten?

»Hey, ihr«, rief Conny.

Die Freundinnen wandten widerstrebend ihre Blicke von Sophies entblößtem Bein ab. Conny hielt eine Tüte m&m's hoch.

»Will jemand welche?«

»Bloß nicht!«, wehrte Anna ab. »Ich bin total fett geworden und mach deshalb gerade eine Diät.«

»Aber du bist doch dünn wie 'ne Bohnenstange!«, widersprach Conny erstaunt.

»Hallo? Sieh dir das doch mal an!« Anna kniff sich in die Taille. Conny konnte nichts Ungewöhnliches entdecken.

»Ich nehm auch keine«, erklärte Nina und winkte ab. »Jungs stehen nicht auf fette Mädchen.«

»Na und?«, wollte Conny gerade erwidern. Doch auch Sophie blickte kopfschüttelnd auf die m&m-Tüte und klopfte sich auf den Hintern. Diese Handbewegung schienen Nina und Anna sofort zu verstehen, denn sie nickten einvernehmlich.

Conny warf sich eine Handvoll Nüsse in den Mund und war sprachlos. *Was um alles in der Welt ging hier vor?*

Ja, was war eigentlich los? Conny verdrückte die ganze Packung m&m's allein, während ihre Freundinnen sich bis tief in die Nacht hinein über Bauchkrämpfe und BHs unterhielten, und darüber diskutierten, wie man am besten fünf Kilo an einem Tag abnehmen konnte. Als Conny am nächsten Tag nach Hause kam, stellte sie sich als Erstes prüfend vor den Spiegel.

Wow! Es stimmte.

Sie hatte tatsächlich Haare an Stellen bekommen, wo sie nie zuvor welche bemerkt hatte.

Auf ihrer Brust waren eindeutig zwei kleine Erhebungen zu erkennen.

Beim letzten Mal, als sie vor dem Spiegel gestanden hatte – wie lange war das eigentlich her? –, waren ihre Hüften definitiv noch nicht so breit gewesen.

Eigentlich hatte sie ihren Körper noch nie so gründlich vor dem Spiegel unter die Lupe genommen wie jetzt. Aber eins stand fest: Das, was sie heute sah, war vorher *nicht* da gewesen. Und was war das bloß für ein komischer Geruch, der ihr da in die Nase stieg?

Conny hob den Arm und schnüffelte. Sie rümpfte angewidert die Nase.

»Igitt!«

Das Schlimmste stand ihr aber wahrscheinlich noch bevor. Während sie die m&m's nach Farben sortiert hatte, hatte sie aus den Gesprächen der anderen herausgehört, dass sie bald, irgendwann in naher Zukunft, die gefürchtete »Periode« bekommen würde. Sie wusste immer noch nicht genau, was das war, aber es konnte nichts Gutes bedeuten. Jedenfalls nicht, wenn man sich dabei blamierte, Krämpfe bekam und mit all den anderen Unannehmlichkeiten zu kämpfen hatte, von denen ihre Freundinnen gesprochen hatten. Und die hatten es schließlich von anderen gehört.

Connys Spiegelbild verschwamm vor ihren Augen, als ihr plötzlich aus unerklärlichen Gründen die Tränen kamen. Normalerweise weinte sie nicht so leicht, aber das hier war schon heftig! Ihr Körper verwandelte sich direkt vor ihren Augen in ein unbekanntes Wesen – und sie wusste nicht, was sie dagegen tun konnte.

Was nun?

Vielleicht bist du über die Veränderungen, die in deinem Körper zurzeit oder demnächst stattfinden, besser informiert als Conny. Trotzdem gibt es noch eine Menge, was du über die junge Frau erfahren kannst, die du bald sein wirst. Dieses Buch soll dir helfen

- zu verstehen, was in deinem Körper passiert, wenn er sich vom Mädchen in eine junge Frau verwandelt;

- dich mit diesen Veränderungen anzufreunden und sie lieben zu lernen;

- zu erkennen, wie du dich in dieser Zeit am besten um deinen Körper kümmern kannst;

- herauszufinden, was deinem Körper schadet und

- dich von Gott überzeugen zu lassen, dass dein Körper für dich und dein Leben genau der richtige ist.

Nun können wir Conny aber nicht so einfach weinend vor dem Spiegel stehen lassen, nur weil sie glaubt, sich in ein Alien zu verwandeln. Wenn du jetzt dabei wärst, hinter ihr ständest und sie im Spiegel betrachten würdest, was würdest du ihr sagen? Könntest du ihr irgendwelche Tipps geben? Oder würdest du ihr einfach eine weitere Tüte m&m's anbieten, weil du dich genauso fühlst wie sie, und du auch nicht weißt, was du dagegen tun kannst?

Schreibe die Gedanken, die du Conny mitteilen würdest, unten in die leeren Zeilen. Es gibt kein Richtig oder Falsch. Sei einfach nur ehrlich. Wenn du dieses Buch zu Ende gelesen hast und danach feststellst, dass es noch eine andere

Möglichkeit gibt, Conny Mut zu machen, hast du am Ende des letzten Kapitels die Möglichkeit, deine Gedanken noch einmal neu in Worte zu fassen.

Liebe Conny,

_____

_____

_____

_____

_____

Info-Ecke

Sieh dir einmal die Mädchen in deiner Umgebung an. Kannst du auch nur zwei von ihnen finden, die genau gleich aussehen? Ausgeschlossen! Denn jeder Körper ist anders.
   Es gibt allerdings eine Sache, die bei jedem Mädchen gleich ist: Der weibliche Körper macht zwischen dem 8. und 13. Lebensjahr mehr Veränderungen durch als zu irgendeiner anderen Zeit im Leben – und er verändert sich sogar mehr als im ersten Lebensjahr, also in der Phase, wenn aus einem runzligen, zerknautschten Etwas ein knuddeliges Kleinkind mit Speckröllchen wird! Um die _Pubertät_ kommt kein Mädchen herum. Während du dich zu einer jungen Frau entwickelst, wirst du feststellen, dass deine Brust nicht so flach und deine Haut nicht mehr so rein und weich bleibt wie bisher. Aber du wirst auch noch andere Veränderungen an dir bemerken:

- Deine Brüste entwickeln sich und werden größer.
- Unter deinen Achseln und im Schambereich wachsen allmählich Haare.

- Die Haare, besonders an deinen Beinen, werden dichter und kräftiger.
- Wenn du schwitzt, bemerkst du einen unangenehmen Geruch an dir.
- Deine Hüften werden breiter.
- Du wirst größer und bekommst vielleicht auch eine kräftigere Figur.

Vielleicht fragst du dich, warum dies alles passiert.

Irgendwann zwischen dem 9. und 12. Lebensjahr (manchmal auch etwas später) fängt der weibliche Körper automatisch an, zwei neue weibliche Hormone zu produzieren: *Östrogen* und *Progesteron*. Die Östrogene bewirken all die Veränderungen, die du eben gelesen hast. Das Progesteron ist (zusammen mit dem Östrogen) für das Einsetzen und die Regelmäßigkeit deiner *Periode* zuständig. Dazu jedoch später mehr.

Als ob diese ganzen Veränderungen nicht schon genug wären, wird durch die beiden neuen Hormone in deinem Körper nun auch noch dein seelisches Empfinden beeinflusst.

Stimmungsschwankungen: Aus dir unerklärlichen Gründen bekommst du in einem Moment plötzlich einen Lachanfall, im nächsten Moment ist dir schon wieder zum Heulen zumute. Dein Körper kommt dir auf einmal ganz fremd vor und scheint außer Kontrolle geraten zu sein!

Deine Einstellung zu den Jungs verändert sich: Früher dachtest du, Jungs sind der absolute Horror. Jetzt ist dir auf einmal wichtig, was sie über dein Aussehen denken. Oder du genießt es insgeheim, wenn der Junge, der nicht ganz so ätzend ist wie die anderen, dir hilft, einen schweren Karton die Treppe hochzutragen.

Puh! Ist es nicht gut zu wissen, dass das allen so geht und du ganz normal bist?

Teste dich!

Wann und wie die Pubertät einsetzt, ist bei jedem Mädchen ein bisschen anders. Gott hat eben jeden von uns einzigartig gemacht. Beim folgenden Test kannst du herausfinden, wie weit die körperlichen Veränderungen bei dir schon fortgeschritten sind und wo du im Moment stehst. Während du den Test machst, vergiss nicht, dass es hierbei weder um einen Wettbewerb noch um die Frage geht: »Bin ich ein Spätzünder oder den anderen schon weit voraus?« Gott hat genau geplant, wann und wie dein Körper sich verändert. Es ist also alles im grünen Bereich!

Welche der folgenden Beschreibungen trifft momentan am besten auf dich zu? Natürlich wird nicht alles haargenau zu dir passen; kreuze einfach das an, was am ehesten ins Schwarze trifft.

Lisa:
Bei ihr sind unter den Armen und in der Schamgegend noch keine Haare zu sehen. Von Brüsten ist noch nicht ansatzweise etwas zu erkennen und ihre Taille sieht so aus wie eh und je. Auch ihre Hüften haben sich nicht verändert. Die Haare an ihren Beinen sind kaum zu erkennen. Wenn sie ihren Slip auszieht, ist er immer ganz sauber.

Emely:
Sie bemerkt, dass unter ihren Armen und in der Schamgegend Haare zu wachsen beginnen. Auch die Haare an ihren Beinen sind dichter und kräftiger geworden. Egal, ob sie schon einen BH trägt oder nicht, auf jeden Fall kann sie schon kleine Erhebungen erkennen. Ihre

Taille sieht irgendwie anders aus als früher, und ihre Hüften sind so breit geworden, dass sie sich manchmal richtig fett vorkommt. Aber was ihr besonders auffällt, ist, dass in ihrem Slip manchmal so dickliches, klares, manchmal auch bräunliches Zeug drin ist.

Nele:
Sie hat schon seit einigen Monaten Haare unter den Armen und in der Schamgegend, und sie denkt immer öfter darüber nach, dass sie sich bald mal die Beine rasieren sollte (wenn sie es nicht bereits tut). Ihre Brüste sind schon richtig rund, und vielleicht ist auch der Bereich um die Brustwarzen herum etwas dunkler geworden. Man kann deutlich ihre Taille erkennen, und ihre Hüften scheinen jetzt endlich zum Rest des Körpers zu passen. Manchmal entdeckt sie Blutstropfen im Slip; vielleicht hat sie sogar schon ihre Periode.

Was bedeutet das alles?

Wenn Lisas Beschreibung am ehesten zu dir passt, dann hat die Pubertät bei dir noch nicht eingesetzt. Ganz egal, wie alt du bist – das ist völlig in Ordnung. Und wenn es mal soweit ist, wirst du durch dieses Buch nicht nur gut darauf vorbereitet sein, sondern du wirst auch eher in der Lage sein, die schönen Seiten dieser Phase zu genießen.

Wenn du Emely am meisten ähnelst, steckst du bereits mitten in der Pubertät, selbst wenn deine Periode noch nicht eingesetzt hat. Diese Phase der Pubertät hält die meisten Überraschungen für dich bereit. Das Lesen dieses Buches kann dir dabei eine große Hilfe sein – und vielleicht findest du ja sogar Spaß daran.

Wenn Neles Beschreibung am besten zu dir passt, bist du schon bald eine junge Dame. Wahrscheinlich hast du dich sogar schon an diesen Gedanken gewöhnt. Bald wirst du dich in deinem »neuen« Körper so richtig wohlfühlen (wenn du es nicht schon tust). Dieses Buch kann dir hoffentlich dabei helfen, Antworten auf Fragen zu finden, die eventuell noch offen sind.

Noch mehr Infos

Noch einmal: Vergiss nicht – egal, ob du nun Lisa, Emely oder Nele ähnlich bist –, Gott hat genau geplant, wann und wie du dich entwickelst. Das Ganze ist kein Wettbewerb! Falls die anderen Mädchen dich ärgern, weil du ohne BH nicht mehr zurechtkommst oder weil deine Rundungen schon stärker ausgeprägt sind als bei ihnen, beweisen sie damit in Wirklichkeit nur, wie unsicher sie bezüglich ihres eigenen Körpers sind. Halte durch! Irgendwann seid ihr alle auf dem gleichen Level in eurer Entwicklung und seid reife, ausgewachsene junge Damen.

Jedes Mädchen muss durch dieselben Veränderungen gehen, aber nicht bei allen geschieht das zum gleichen Zeitpunkt. Doch das ist völlig normal.

Der Startpunkt der Pubertät hängt auch von der ethnischen Herkunft ab. Bei den afroamerikanischen Mädchen zum Beispiel fängt sie meistens schon vor dem Alter von neun Jahren an. Bei Mädchen mit weißer Hautfarbe beginnt sie im Durchschnitt mit ungefähr zehn Jahren. Doch denk dran, nicht jeder gehört zum »Durchschnitt«.

Die Haare im Schambereich unterscheiden sich bei jedem Mädchen in der Dicke und Farbe und auch darin, wie schnell sie wachsen. Eines der ersten Anzeichen dafür, dass du dich in der Pubertät befindest, sind die Haare im Schambereich, die zuerst noch glatt, hell und dünn aussehen und dann allmählich dunkler, kräftiger und lockiger werden. Aber auch hier gibt es Unterschiede, die unter anderem mit der Herkunft zusammenhängen. Asiatische Mädchen scheinen zum Beispiel weniger Schamhaare zu bilden als andere Mädchen.

Wenn du feststellen willst, wie groß du ungefähr mal wirst, kannst du das mit folgender Formel berechnen:

▼ *Addiere zunächst die Körpergröße deiner Mutter und deines Vaters und teile das Ergebnis dann durch zwei.*

- *Von dem Ergebnis ziehst du 6 Zentimeter ab (bei Jungen werden 6 Zentimeter addiert).*
- *Nun hast du deine Körpergröße, die du erreicht hast, wenn du einmal ausgewachsen bist (natürlich kann das Ergebnis auch um ein paar Zentimeter abweichen).*

Der sogenannte »Pubertätswachstumsschub« findet nicht bei allen Mädchen im gleichen Alter statt. Bei manchen Mädchen ist das ein Riesenthema, bei anderen verläuft es weniger dramatisch. In dieser Zeit – die ungefähr zwei bis vier Jahre dauert – nimmst du an Gewicht zu und wächst schneller (ca. zehn Zentimeter im Jahr) als vorher (durchschnittlich fünf Zentimeter im Jahr). Sobald bei den Mädchen die Periode eingesetzt hat, verlangsamt sich das Wachstum. Die meisten Mädchen erreichen ihre endgültige Größe etwa ein bis drei Jahre nach dem Einsetzen der ersten Periode. Während des gesamten Pubertätswachstumsschubs wirst du um ungefähr 22 Zentimeter größer. Aber, noch einmal: Manche wachsen mehr, andere weniger. Das ist alles völlig okay!

Auch dein Gesicht wird sich in der Pubertät wahrscheinlich verändern. Der untere Teil wird länger und das Kinn wird ausladender. Deine Stirn wird breiter. Bald siehst du aus wie eine Erwachsene und nicht mehr wie ein Kind. Ist doch cool, oder? Bei manchen wird das Gesicht markanter und knochiger, bei anderen wird es voller und »sinnlicher«. Du findest dein Gesicht immer noch so »babyhaft«? Na und? Das ist doch völlig in Ordnung. Nichts ist verkehrt daran, wenn man jung aussieht.

Ein anderes, etwas eigenartiges Merkmal der Pubertät ist, dass deine Körperproportionen irgendwie unstimmig wirken können. So wachsen zum Beispiel deine Fußknochen schneller als die übrigen Knochen. Das bedeutet, deine Füße erreichen ihre endgültige Größe schneller als der Rest deines Körpers.

Da nicht alle dieselbe Körpergröße erreichen, ist auch die Schuhgröße nicht bei jedem gleich. Fang also gar nicht erst damit an, sie mit anderen zu vergleichen oder dir gar Sorgen zu machen, dass du dich für den Rest deines Lebens wie ein Hobbit mit zu großen Füßen fühlen musst. Bevor du aufhörst zu wachsen, wird sich alles wieder ausgeglichen haben.

Nicht zu vergessen sind deine Hüften. Während des Wachstumsschubs verändern sie sich und werden breiter. Das Fettgewebe, das sich dort zusätzlich bildet, lässt nun deine Taille schmaler erscheinen. Gleichzeitig entwickeln sich auch deine Brüste, und ehe du dich versiehst, bekommt dein Körper ein weibliches und rundes Aussehen.

Allerdings ist auch hier nicht bei jedem alles gleich. Man unterscheidet zwischen drei verschiedenen Körpertypen. Diese sind genetisch vorbestimmt und bilden sich dann während der Pubertät aus:

Der **endomorphe** Typ: Der Körper ist rundlich mit sanften Kurven und hat etwas mehr Körperfett (was überhaupt nichts Schlechtes ist!).

Der **ektomorphe** Typ: Der Körper ist schlank, hat wenige Rundungen und sieht eher etwas knochig aus (und das ist auch nichts, was »schlecht« ist!).

Der **mesomorphe** Typ: Der Körper ist muskulös und mit breiten Schultern und schmalen Hüften ausgestattet. (Aber keine Sorge, mit einem solchen Körperbau kannst du genauso fraulich aussehen, wie mit einem anderen Körpertyp!)

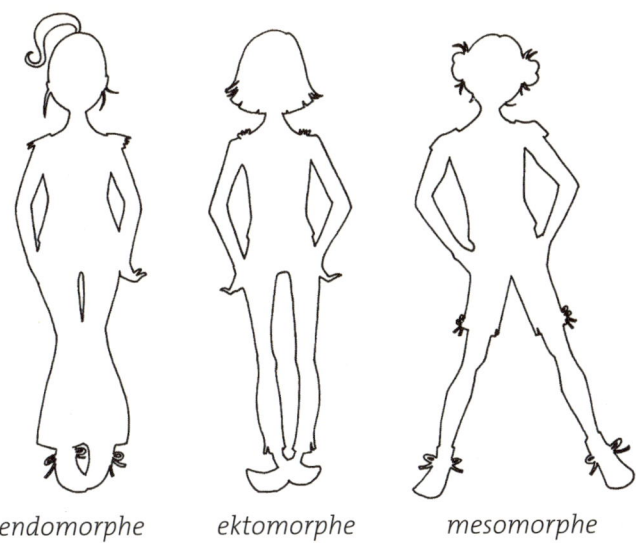

endomorphe   ektomorphe   mesomorphe

Weil dir dein Körpertyp sozusagen mit in die Wiege gelegt wurde, ist es völlig sinnlos, dass du deine Figur mit anderen Mädchen vergleichst. Du hast allen Grund, deinen Körper so zu lieben, wie er ist. Abgesehen davon ist es auch normal, dass während der Pubertät das Gleichgewicht zwischen Körpergewicht und Körpergröße oft nicht stimmt. Hier gibt es immer wieder Schwankungen: Mal steigt das Gewicht, während du nicht weiter wächst; dann schießt du wieder mehr in die Höhe, während du gleichzeitig aber nicht weiter zunimmst. Bei jedem sind diese Schwankungen verschieden. Deshalb ist es völlig überflüssig, dich mit Gedanken herumzuquälen, dass du zu dick oder zu dünn bist. Solange du gesund bist, ist alles im grünen Bereich. Wenn du die Pubertät überstanden hast und ausgewachsen bist, bist du einmalig und mit niemandem zu vergleichen.

Kommt es dir gelegentlich so vor, als ob deine Gefühle nicht zu der momentanen Stimmung deiner Freunde passen? Möchtest du manchmal am liebsten die Sau rauslassen, während deine Freunde gerade wie ein Häufchen Elend in der Ecke hocken und Trübsal blasen? Oder ist es andersrum? An den ganzen Launen und Gefühls-schwankungen, die du während dieser Zeit durchmachen musst, sind die Hormone schuld, die dein Körper jetzt produziert. Sie haben ziemlich starke Auswirkungen, nicht nur auf deinen Körper, sondern auch auf deine Gefühls-welt. Bei manchen Mädchen (und auch bei erwachsenen Frauen) stellen die Hormone von Zeit zu Zeit alles auf den Kopf, andere dagegen scheinen überhaupt nicht von Stimmungsschwankungen betroffen zu sein. Dein Körper braucht eine gewisse Zeit, um sich an die hormonellen Veränderungen zu gewöhnen. Halte durch! Und lass dir um Himmels Willen nicht einreden, dass du eine hysteri-sche Tussi bist, nur weil du ab und zu eine Träne vergießt, im Gegensatz zu deiner besten Freundin, die das Ganze scheinbar völlig unberührt wegsteckt. Ob deine Gefühle verrücktspielen oder nicht, hängt zum Teil auch damit zu-sammen, wie du schon früher auf deine Umwelt reagiert hast. Wenn du zum Beispiel schon als Baby sehr sensibel warst, wirst du wahrscheinlich während der Pubertät besonders dünnhäutig sein. Wenn du von Anfang an eher eine harte Nuss warst, wirst du in dieser Zeit vermutlich leichter reizbar, vielleicht auch aufsässiger sein als deine empfindsameren Freunde. Gehörst du schon immer zu den eher coolen Typen, die alles nicht so eng sehen? Dann wird sich daran aller Voraussicht nach nichts ändern. Im Prinzip ist es so, dass sich deine emotionale Veranlagung im Laufe des Lebens immer stärker ausprägt.

Wundere dich nicht, wenn du dir über deine eigenen Gefühle manchmal selbst nicht im Klaren bist. Du wirst dich selbst mit der Zeit immer besser kennenlernen und

einschätzen können und so auch verstehen, was mit dir los ist. Dann wird es dir auch immer leichter fallen, mit den Aufs und Abs deiner Freundinnen klarzukommen.

Frag doch mal Gott!

Spätestens jetzt fragst du dich vielleicht, wie du mit den ganzen Veränderungen klarkommen sollst. Das Ganze kann ziemlich verwirrend, eigenartig und geradezu beängstigend sein. Das Gute daran ist: Du musst nicht allein da durch! Da ist ja auch noch Gott, der sich die Sache mit der Pubertät überhaupt erst ausgedacht hat. Selbst wenn du momentan nicht gerade in Stimmung bist, Gott für all das zu *danken*, sieh dir einmal an, wie Gott dir helfen kann:

Gott möchte, dass du eine Frau wirst. Nicht irgendeine Frau, sondern eine, die sich von allen anderen unterscheidet.

Mag der König sechzig Ehefrauen haben, achtzig Nebenfrauen und Mädchen ohne Zahl: Ich liebe nur die eine, meine Liebste, die Vollkommene.
Hoheslied 6,8–9

Gott weiß genau, wie eigenartig – und manchmal auch peinlich oder sogar schmerzhaft der Prozess sein kann, den man durchmacht, wenn man sich langsam zu einer Frau entwickelt. Er hat volles Verständnis dafür, wie sehr dich das beschäftigt. Seit der Erschaffung von Eva, der ersten Frau, ist er mit dem Thema vertraut.

*Unsere Schwester ist fast noch ein Kind und hat noch
keine Brüste. Doch kommt einmal die Zeit, dass jemand
um sie werben wird, dann müssen wir zur Stelle sein!*

Hoheslied 8,8

Gott hört dir zu, wenn du ihm deine Klagen, Zweifel und
Ängste vorbringst. Schließlich hat er ja auch gesagt,
dass wir mit jeder Kleinigkeit zu ihm kommen können.

*Welchen Wert hat schon ein Spatz auf dem Dach?
Man kann zwei von ihnen für einen Spottpreis kaufen!
Trotzdem fällt keiner tot zur Erde, wenn es euer Vater
nicht will. Bei euch sind sogar die Haare auf dem Kopf
gezählt. Darum habt keine Angst! Ihr seid Gott mehr
wert als ein ganzer Spatzenschwarm.*

Matthäus 10,29–31

All die Veränderungen in der Pubertät sind nicht so leicht
zu bewältigen. Aber wenn Gott uns eine Schwierigkeit
gibt, dann gibt er uns auch die nötigen Hilfsmittel, um sie
zu bewältigen. Also keine Panik! Staune über die Veränderungen und denk dran, dass Gott alles unter Kontrolle hat!

Jetzt kann's losgehen!

Während der Pubertät wirst du dich häufig fragen, ob du
eigentlich noch »normal« bist. Die Antwort darauf lautet
natürlich Ja. Aber warum findest du es nicht selbst heraus?
Bau dir einen festen Freundeskreis auf. Dann werdet ihr
feststellen, dass ihr alle im selben Boot sitzt und jede von

euch noch »völlig richtig tickt«. Außerdem könnt ihr euch in dieser Zeit gegenseitig den Rücken stärken. Du wirst auf jeden Fall immer die Unterstützung von anderen Frauen brauchen, also fang an damit!

Das brauchst du

- ▶ eine Gruppe von Freundinnen, die ungefähr in deinem Alter sind: Du kannst dich entweder nur mit deiner besten Freundin zusammentun oder dir einen Kreis von vier oder fünf Mädchen suchen, mit denen du auch sonst zusammen abhängst. Oder du triffst dich mit einer Gruppe von Mädchen, mit denen du sowieso regelmäßig zusammenkommen musst (oft sorgt Gott dafür, dass so etwas zustande kommt).
- ▶ einen Ort, an dem ihr euch treffen könnt.
- ▶ das Buch hier, falls euch plötzlich Fragen einfallen, auf die keiner eine Antwort weiß.

Und so geht's

- ▶ Trefft euch an einem Ort, den ihr vorher vereinbart habt. Versprecht euch gegenseitig, dass keiner blöd angesehen oder ausgegrenzt wird, der gerade mal nicht über dieses Thema sprechen will.
- ▶ Vereinbart ein paar grundlegende Regeln: Alles, was bei euren Treffen besprochen wird, muss unter euch bleiben und darf niemandem weitererzählt werden (vor allem nicht den Jungs!). Und daran denken: Vergleicht euch niemals untereinander und macht auch keine spöttischen Bemerkungen!
- ▶ Überlegt euch, wie ihr anfangen wollt, damit keiner sich blöd vorkommt, über seine intimsten Angelegenheiten zu reden. Zum Beispiel könnte jeder zu Beginn sein peinlichstes Erlebnis im Zusammenhang mit BHs,

der Periode o. ä. erzählen. Du könntest einen Abschnitt aus diesem Buch vorlesen oder ihr geht gemeinsam den Test auf Seite 15 durch. Eine andere Möglichkeit ist, dass ihr bei eurem ersten Treffen einfach nur vereinbart, euch immer dann zu treffen, wenn eine von euch eine Frage oder ein Problem hat.

Die Treffen müssen nicht unbedingt regelmäßig stattfinden. Wenn ihr sowieso immer zusammenhängt, wird sich das Ganze von alleine ergeben. Bei euren »Girl-Talk-Runden« könntet ihr euch über folgende Themen Gedanken machen:

- ꙍ Wie wollt ihr damit umgehen, wenn andere euch ärgern (besonders die Jungs)? (Ein paar Anregungen dazu findet ihr in Kapitel 7.)
- ꙍ Tauscht euch aus, damit ihr bestens auf eure erste Periode vorbereitet seid. (Kapitel 3 wird euch dabei eine Hilfe sein.)
- ꙍ Sprecht über eure Erfahrungen mit den bequemsten BHs (siehe Kapitel 2), den besten Rasierern (falls eine von euch anfangen will, sich zu rasieren) oder über Maßnahmen gegen Käsefüße (siehe Kapitel 6).
- ꙍ Gebt euch vor allem auch das Versprechen, dass ihr füreinander da seid, wenn euch irgendetwas verwirrt oder beunruhigt. Vielleicht wollt ihr auch vereinbaren, regelmäßig füreinander zu beten?

Um diese Erkenntnis wirst du reicher

Ein fester Freundeskreis gibt dir die Gewissheit, dass du dich nicht allein mit all den Veränderungen herumschlagen musst. Außerdem kannst du dort die tolle Erfahrung machen, dass es sogar Spaß machen kann, das alles zusammen mit deinen Freundinnen zu durchleben!

Meine Notizen

Bei den »Girl-Talk-Runden« sind folgende Mädels dabei:

_____

_____

_____

Bis jetzt haben wir uns bei folgenden Fragen und
Problemen geholfen:

_____

_____

_____

Durch die anderen Mädels fällt mir die ganze Sache
mit der Pubertät leichter, weil

_____

_____

_____

KAPITEL 2:

Von Brüsten, BHs und anderem Mädchenkram

Conny wünschte sich, sie hätte eine der Sägen zur Hand, die man manchmal in Cartoons abgebildet sieht. Am liebsten hätte sie einen Kreis um sich herum in den Boden gesägt, sodass sich unter ihr der Boden auftun würde und sie einfach abtauchen könnte! Bloß weg von diesem bekloppten Jannik!

Gerade war Jannik dabei, langsam an dem Tisch vorbeizugehen, wo sie mit ihren Freundinnen zu Mittag aß – oder besser: *versuchte* zu essen. Dabei strich er mit seiner Hand über die Rücken der Mädchen, so als würde er einen Stock an einem Zaun entlangstreifen. Jedes Mal, wenn er an einem der Mädels vorbeigegangen war, rief er laut: »Angeschnallt!«

»Angeschnallt«, bemerkte er hinter Annas Rücken. Jetzt war Nina dran. »Angeschnallt!«

Noch zwei Mädchen trennten ihn von Connys Rücken. Sie wusste genau, dass ihr Gesicht bereits jetzt so rot war wie der Ketchup, der sich in dem Pappschälchen auf ihrem Tablett befand – denn sie war nicht »angeschnallt«.

»Jannik, hast du nichts Besseres zu tun?«, fragte Sophie, die auf der gegenüberliegenden Seite des Tisches saß.

»Ich glaube nicht«, erwiderte Anna. »Dazu fehlt ihm einfach ein Stück Hirn.«

Die anderen verdrehten die Augen, aber niemand am Tisch forderte Jannik auf, mit dem Quatsch aufzuhören. Inzwischen hob er bereits die Hand hinter Connys BH-losem Rücken. Es gab nur noch eine Lösung.

Zähneknirschend knurrte sie ihn an: »Rühr mich nicht an, Kerl, sonst knall ich dir eine.«

Obwohl der ganze Tisch in Gelächter ausbrach, war Janniks Stimme nicht zu überhören. Ohne Conny auch nur zu berühren, rief er: »Eindeutig *nicht* angeschnallt!«

Nachdem er lässig zum nächsten Tisch hinübergeschlendert war, um sich dort auf die Suche nach neuen Opfern zu machen, lehnte Anna sich zu Conny herüber.

»Mach dir nichts aus ihm«, tröstete sie. »Der nervt einfach nur.«

Conny versuchte, gelassen zu wirken und zuckte mit den Schultern. Aber ihr war klar, dass ihre Gesichtsfarbe immer noch dem Ketchup auf dem Tisch glich.

»Außerdem, wen interessiert es schon, ob du bereits einen BH trägst oder nicht?«, warf Nina ein. »Es gibt schließlich Wichtigeres auf der Welt.«

»Klar«, winkte Conny ab. Aber innerlich war sie überzeugt davon, dass es im Moment eben *doch* nichts Wichtigeres gab – zumindest nicht in *ihrer* Welt.

Info-Ecke

Wenn sich deine Brüste entwickeln und du deinen ersten BH brauchst, ist das schon ein einschneidendes Erlebnis. Das sind die ersten Anzeichen, dass bei dir die Pubertät eingesetzt hat. Nun können auch die anderen deutlich erkennen, dass du dich allmählich zu einer jungen Frau entwickelst.

Das ist schon toll. Dass deine Brüste wachsen, bedeutet,

- dass du eine neue, weiblichere Form bekommst;
- dass du nun einen anderen Klamottenstil tragen kannst;

- dass du dich ab jetzt »erwachsener« fühlst
- und tatsächlich auch erwachsener aussiehst. Jeder, der auch nur ein bisschen Ahnung hat, wird dich von nun an weniger wie ein kleines Mädchen behandeln.

Natürlich bringen die Brüste auch einige Herausforderungen mit sich:

Manche Menschen, vor allem Jungs (wie dieser Jannik, der anscheinend nichts gepeilt hat), ärgern dich möglicherweise, weil dein neuer Körper auch in ihrer Welt einiges verändert. Das macht sie nervös.

Vielleicht macht dir zu schaffen, dass du das Gefühl hast, schon viel weiter entwickelt zu sein als die anderen Mädchen in deiner Klasse, oder du bist irritiert darüber, dass sich im Vergleich mit ihnen bei dir überhaupt noch nichts tut.

Es kann sein, dass du dich fragst, ob deine Brüste eigentlich normal aussehen. Du fühlst dich unsicher, denn wie sollst du wissen, wie sie bei anderen aussehen?

Oder es gibt Probleme, weil du nicht weißt, welche BH-Größe du brauchst, was für ein Modell du nehmen sollst oder wie du deine Mutter davon überzeugen kannst, dass du auf jeden Fall schon einen brauchst.

Das Wachstum deiner Brüste jagt dir vielleicht auch Angst ein, weil du dich eigentlich noch viel zu jung dafür fühlst und du noch nicht bereit bist, eine Frau zu werden.

Keine Sorge! In diesem Kapitel geht es genau darum. Lies einfach weiter, und dann freu dich darüber, dass Gott dich so geschaffen hat, wie du bist.

Frag doch mal Gott!

Was? Du glaubst, Gott macht sich Gedanken über meine Brüste?

Ja, klar! Er hat sie schließlich erfunden. Soweit uns bekannt ist, hatte Gott ganz verschiedene Gründe, warum er den Frauen einen Busen gab:

Gott gab Eva und allen anderen Frauen eine Figur, die für die Männer so attraktiv ist, dass sie sie heiraten und den Rest ihres Lebens mit ihnen verbringen wollen. In dem Moment, als Adam Eva sah, rief er: »Sie ist ein Teil von meinem Fleisch und Blut!« Romantischer hätte dieser Augenblick nicht sein können.

Gott hat die Brüste auch aus einem ganz praktischen Grund geschaffen, nämlich damit sie Babys mit Nahrung versorgen können. In deinen Brüsten befinden sich Drüsen, die Milch produzieren, sobald ein Baby geboren ist. Nicht jede Frau bringt Kinder zur Welt oder stillt sie, wenn sie welche bekommt. Aber falls doch, ist in jedem Fall alles vorhanden, was nötig ist. Eigentlich hat Gott es den Müttern total leicht gemacht. Egal, wo sie sich gerade aufhalten, überall können sie ihr hungriges Baby mit Milch versorgen.

Neben der Attraktivität erfüllen deine Brüste also einen praktischen Zweck. Gott will aber auch, dass wir sie bedeckt halten und nicht offen zeigen, es sei denn, wir sind allein mit unserem Ehemann (oder, falls nötig, bei einer Untersuchung beim Arzt). Daran wird deutlich, wie kostbar sie sind. Danke Gott also ruhig für die neue Form, die dein Körper nun annimmt, und bitte ihn, dass er dir zeigt, wie du damit umgehen sollst. Dann wird es dir auch nicht schwerfallen, den Herausforderungen zu begegnen, die jetzt auf dich zukommen.

Teste dich!

Fangen wir damit an, wann und wie schnell deine Brüste sich entwickeln. Betrachte dich und deine Brüste zunächst einmal im Spiegel und mach dann den folgenden Test.

   Kreuze an, welche Beschreibung am ehesten auf dich zutrifft. Dazu musst du zunächst die Bedeutung der folgenden beiden Wörter kennen:
– Brustwarzen: die aufgerichteten Nippel in der Mitte deiner Brust
– Warzenhof: die dunkle Fläche um den Nippel herum

☐ Mein Brustkorb ist noch ganz flach. Meine Brustwarzen sind ein klein wenig aufgerichtet, aber das war schon immer so.

☐ Meine Brüste fangen an zu »knospen«. Sie sehen aus wie kleine Knöpfe. Der Warzenhof ist größer und dunkler geworden.

☐ Meine Brüste haben schon eine recht ansehnliche Größe. Auch die Warzenhöfe ragen etwas heraus.

☐ Meine Brustwarzen und -höfe bilden eine kleine Spitze: Sie stehen mehr nach vorne als sonst.

☐ Meine Brustwarzen und Höfe stehen nicht nur hervor, sondern die Brüste sind insgesamt voll und rund geworden.

Nun kannst du erkennen, in welcher Phase der Entwicklung du dich befindest. Sieh nach, welche Nummer du angekreuzt hast, und lies dann auf Seite ###, was diese Phase bedeutet.

Phase 1: *Du bist in der Vorpubertät*: Sobald dein Körper dazu bereit ist, werden deine Brüste anfangen zu wachsen. Alles ist im grünen Bereich, und du bist auch kein »Spätzünder«. Du bist einfach nur du.

Phase 2: *Kleine Erhebungen werden sichtbar*: Jetzt fangen deine Brüste langsam an zu wachsen. Ist doch cool, oder? Mach dir keine Sorgen, wenn sie manchmal unterschiedlich groß sind oder wenn du ein ganzes Jahr lang keine Veränderungen mehr bemerkst. Auch wenn sie sich relativ schnell entwickeln, ist das völlig normal. Alles wird genau so werden, wie es zu dir passt.

Phase 3: *Deine Brüste entwickeln sich*: Ihre Form ähnelt jetzt schon dem endgültigen Aussehen, wenn sie ausgewachsen sind. Sie haben nur noch nicht ihre volle Größe erreicht. Darüber brauchst du dir überhaupt keine Gedanken zu machen! Kauf dir einfach den schönsten und bequemsten BH, den du finden kannst und freu dich dran (mehr dazu später).

Phase 4: *Brustwarze und -höfe bilden eine Spitze*: Diese Phase ist sehr interessant zu beobachten, weil deine Brüste entweder ihre Form behalten und einfach nur größer werden oder direkt in die nächste Phase übergehen. Mach dir nichts draus, wenn du diese Phase überspringst. Das geht vielen Mädchen so. Inzwischen hast du dich wahrscheinlich schon an deine Brüste gewöhnt. Freu dich einfach darüber, dass du ein Mädchen bist.

Phase 5: *Deine Brüste sind ausgewachsen*: Obwohl du noch nicht erwachsen bist, haben deine Brüste jetzt ihre endgültige Form erreicht. Vielleicht werden sie insgesamt noch etwas größer, aber ihre individuelle Form und Größe wird sich nicht mehr verändern. Mach dir also keine Sorgen, ob sie zu klein oder zu groß sind. Wichtig ist, dass du dich so annimmst, wie du bist. Mit diesem Thema werden wir uns noch später befassen. Freu dich einfach über deine Brust. Sie ist ein tolles Zeichen deiner Weiblichkeit!

Keine dieser fünf Phasen kann einem bestimmten Alter zugeordnet werden, denn das ist bei jedem Mädchen anders – BEI JEDEM! Außerdem hat der Zeitpunkt, ab wann sich dein Körper entwickelt, nichts damit zu tun, wie schnell die Brüste wachsen und wie lange jede einzelne Phase andauert. Freu dich einfach dran, wie Gott deinen Körper geformt hat. Wenn irgendjemand eine blöde Bemerkung macht, dass man bei dir ja »noch gar nichts sieht« oder dich damit aufzieht, dass du »für ein Mädchen in deinem Alter« schon einen so großen Busen hast (als ob du dir das aussuchen könntest), dann kannst du einfach mit einem Lächeln erwidern: »Ach, weißt du, ich bin genauso, wie Gott mich gemacht hat.« Wer kann schon etwas dagegen einwenden?

Was du sonst noch wissen solltest:

- Wenn deine Brüste wachsen und sich verändern, können sie manchmal jucken oder sogar wehtun. Das ist völlig normal (auch wenn es lästig ist). Doch wie bei allen Wachstumsschmerzen geht auch das irgendwann vorbei.
- Falls du während der Wachstumsphase eine Unebenheit unter deiner Brustwarze entdeckst – keine Angst, das ist kein Brustkrebs! Es gehört einfach zu dieser Phase dazu.
- Manchmal wächst eine Brust schneller als die andere. Auch das ist nicht schlimm. Das gleicht sich später wieder aus. Ganz identisch sind die Brüste übrigens bei keiner Frau, auch wenn das normalerweise kaum auffällt.
- Bei manchen Mädchen stehen die Brustwarzen nicht nach vorne, sondern sind nach innen gerichtet. Das ist kein »Defekt«. Nur falls du dir darüber schon Gedanken gemacht hast: Du kannst damit später trotzdem ein Baby stillen.
- Manchmal können deine Brustwarzen auch etwas Flüssigkeit absondern. Das ist nichts Ungewöhnliches. Versuche aber nicht, die Flüssigkeit herauszudrücken. Du würdest nur die Sekretabsonderung fördern.

Wichtiges zum Thema BHs

Spätestens dann, wenn deine Brüste zu wachsen beginnen, kommt wahrscheinlich auch die Frage nach dem ersten BH auf. Woher weißt du, wann du einen brauchst, welche Art und welche Größe zu dir passt? Da gibt es doch so vieles zu bedenken.

Häufige Fragen und Antworten

? »Ab wann muss ich denn einen BH tragen?«

! Es gibt kein »Muss«. Aber wenn du eine oder mehrere der folgenden Fragen mit einem Ja beantworten kannst, solltest du dir wahrscheinlich bald einen BH zulegen.

- Hast du das Gefühl, dass deine Brüste beim Laufen oder Rennen »hüpfen«?
- Tun sie dir dabei weh?
- Ist es dir unangenehm, dass man deine Brüste unter dem T-Shirt sehen kann?
- Würdest du gerne einen BH tragen, weil die anderen Mädchen in deinem Alter auch schon einen haben?

Auch ein Ja auf die letzte Frage hat absolut seine Berechtigung! Du machst gerade einige Veränderungen durch, und wenn du dich mit einem BH wohler fühlst, dann solltest du auch einen tragen. Jedes Mädchen weiß, wann es so weit ist.

? »Was mache ich, wenn meine Mutter mir sagt, dass ich noch keinen brauche, ich aber vom Gegenteil überzeugt bin?«

! Zeig deiner Mutter deine Antwort(en) auf die letzte Frage. Wenn das noch nicht ausreicht, um sie zu überzeugen, versuch mal, ihr möglichst sachlich zu erklären, warum du auch mal gerne ein nettes Dessous-Teil tragen willst. Falls sie dann immer noch ablehnend reagiert, könntest du erst mal ein schönes Bustier oder ein eng sitzendes Top tragen, um deine Brüste etwas zu stützen. Frag sie dann nach einem Monat noch einmal. Wenn du dein Anliegen ohne zu quengeln und zu schmollen vorbringst und dabei nicht aggressiv wirst, wird sie ihre Meinung sicherlich ändern – allein schon deshalb, weil du sie so ruhig darum gebeten hast.

Vergiss nicht, dass es den meisten Müttern ein wenig schwerfällt zu sehen, wie ihre Töchter zu jungen Frauen heranwachsen. Sei also nachsichtig mit ihr.

? » Woher weiß ich denn, welche Größe ich brauche? Bei den komischen Größenangaben auf den BHs versteh ich nur Bahnhof!«

! BH-Größen gliedern sich in zwei Angaben: Für den Brustumfang steht eine Zahl und für die Körbchengröße (auch »Cup« genannt) ein Buchstabe. Wenn du also die Größe »75B« siehst, bedeutet das, dass dieser BH einer Frau mit relativ schmalem Brustkorb, aber recht vollen Brüsten passt. Damit du in Zukunft problemlos einen gut sitzenden BH kaufen kannst, musst du erst einmal deine Größe bestimmen. Dazu brauchst du nichts weiter als ein Maßband und vielleicht noch einen Spiegel. Beim Messen solltest du möglichst kein Oberteil tragen, höchstens ein dünnes oder eng anliegendes Top. Lege das Maßband um deinen Brustkorb unter deinen Brüsten (vielleicht kann dir ja eine Freundin oder deine Mutter dabei helfen?). Damit hast du die Unterbrustseite.

Nun musst du noch deine Oberbrustweite bestimmen. Lege dazu das Maßband genau auf der Höhe deiner Brustwarzen um den Oberkörper herum. Lies die Länge ab und notiere sie dir.

Es gibt verschiedene Tabellen, auf denen man seine Größe dann ablesen kann. Du solltest einen BH vor dem Kauf aber unbedingt immer anprobieren, denn BHs in ein und derselben Größe können sehr unterschiedlich ausfallen!

? » Es gibt so viele Formen und Arten von BHs. Da finde ich mich überhaupt nicht zurecht. Was für einen soll ich denn nun kaufen?«

! Du hast recht, es gibt wirklich eine Riesenauswahl! Welche Farbe und welches Material du wählst, ist reine Geschmackssache. Grundsätzlich kann man sechs Arten von BHs unterscheiden:

Bustier: Dieser BH kann dir helfen, dich an das Tragen eines BHs zu gewöhnen, und er kann dir ein »weiblicheres« Gefühl vermitteln (selbst wenn deine Brüste noch nicht so groß sind). Er hat allerdings keine stützende Funktion und beeinflusst auch nicht die Größe oder das Aussehen deines Busens.

BH mit Softcup: So ein BH ist weich und dehnbar und hat unter den Brüsten ein elastisches Band. Wenn er gut passt, ist er sehr bequem und angenehm zu tragen. Wenn deine Brüste darin allerdings eher »hängen« oder an den Seiten herausrutschen, brauchst du wahrscheinlich einen, der dir mehr Halt bietet.

Bügel-BH: Bei diesem BH verläuft unten um die Brust ein Bügel aus Plastik oder Metall. Er bietet größeren Brüsten Halt und formt auch ein bisschen stärker. Bei einem Bügel-BH ist es ganz besonders wichtig, dass er genau passt und nirgends drückt. Dann ist er sehr angenehm zu tragen und engt auch nicht ein.

Push-up-BH: »Push up« bedeutet so viel wie »hochschieben«, und dazu ist dieser BH auch gedacht: Er soll den kleineren Busen aufpolstern. Damit er seinen Zweck erfüllt, muss man ihn ziemlich eng geschlossen tragen. Es gibt Push-ups mit einem zusätzlichen Polster und ohne.

Bei den Push-ups mit zusätzlichem Polster sieht der Busen größer aus, ansonsten sitzt er einfach nur höher. Sicherlich ist so ein BH nichts für jeden Tag, aber unter einem Oberteil mit weiterem Ausschnitt sieht er toll aus!

Sport-BH: Wie der Name schon sagt, ist so ein BH für sportliche Aktivitäten gedacht. Bei Sport-BHs ist der Verschluss entweder vorne oder es gibt gar keinen (nahtlose Version). Sie sind aus etwas festerem Material, damit sie einen guten Halt bieten. Im Rücken verläuft ein einzelner Träger zwischen den Schulterblättern, damit auch in der Bewegung nichts verrutschen kann. Viele Mädchen fühlen sich in Sport-BHs so wohl, dass sie diese Art am häufigsten tragen.

Minimizer-BH: Wenn deine Brust besonders groß und schwer ist, ist dieser BH genau der richtige für dich. Er lässt die Oberweite kleiner wirken, ohne sie plattzudrücken. Die Träger sind bei diesem BH extrabreit, um die Brust optimal zu stützen. Achte darauf, dass er auch noch gut sitzt, wenn du dich bewegst.

? » Braucht ein BH eine besondere Pflege beim Waschen?«

! Wenn du verhindern willst, dass sich dein BH in Wohlgefallen auflöst oder »ausleiert«, musst du ihn sorgfältig pflegen. Auch wenn sich sonst deine Mutter um die Wäsche kümmert – es schadet nichts, wenn du etwas Mitverantwortung für deine »Miederwaren« übernimmst (das ist eine altmodische Bezeichnung für BHs. Witzig, oder?).

- Wechsle deinen BH spätestens alle zwei Tage. Sonst leiert er schneller aus.
- Sobald du Schweißflecken oder unangenehme

Gerüche an ihm bemerkst, solltest du ihn schleunigst waschen.

- Am besten ist es, wenn du deine BHs mit Feinwasch-mittel per Hand in lauwarmem Wasser wäschst. Wenn du doch lieber die Waschmaschine benutzt, solltest du sie vorher in ein Wäschenetz stecken und für den Waschvorgang die niedrigste Temperatur wählen.
- Gib darauf acht, dass das Waschmittel keine Bleich-stoffe enthält. BHs enthalten in der Regel einen hohen Elastan-Anteil, der sich mit dem falschen Waschmittel verabschieden würde!
- Baumwoll-, Bügel- oder bestickte BHs solltest du auf keinen Fall in den Trockner stecken!
- Auch alle anderen BHs dürfen nicht zu heiß getrocknet werden.

Vielleicht kommst du auch einmal in die Situation wie Conny, dass dir ein paar unreife oder einfach nur hirnlose Jungs (oder auch Mädchen) über den Weg laufen, die dich wegen deines vorhandenen oder nicht vorhandenen Busens oder BHs ärgern. Das zeigt nur, dass sie sich über-haupt nicht damit auskennen! Keine Brust ist besser oder schlechter als eine andere – genauso wie es auch keine gute oder schlechte Augenfarbe gibt. In Zeitschriften, Filmen oder im Fernsehen wird zwar behauptet, dass eine Frau mit Idealfigur große Brüste und eine schmale Taille haben muss. Aber das ist Unsinn. Wenn dich also jemand wegen deiner Oberweite ärgert, dreh dich am besten um und zeig ihm einfach die kalte Schulter. Denn du bist ein fantastischer Mensch – ob mit oder ohne Brüste!

Jetzt kann's losgehen!

Welchen Style du auch bevorzugst, ob feminin und elegant, eher sportlich oder irgendetwas dazwischen: Wichtig ist, dass du dich auch mit deiner Unterwäsche wohlfühlst! Warum fängst du nicht heute damit an, dir ein besonderes Plätzchen für deine »Unaussprechlichen« einzurichten? (Du wirst lachen, aber so bezeichneten Frauen bis Anfang des 20. Jahrhunderts ihre Unterwäsche!) Egal, welche Bezeichnungen du deinen BHs, Slips, Socken oder sonstigen Wäschestücken, die du unter deiner Kleidung trägst, gibst: Du wirst sehen, es macht total Spaß, dein Wäschefach besonders schön zu gestalten. Vielleicht hast du ja Lust, dich mit deinen Freundinnen zu treffen und zusammen ein tolles Duftkissen zu basteln? Eine Anleitung dafür findest du hier:

Das brauchst du

- deine gesamte Unterwäsche (gewaschen natürlich!)
- eine Schublade, ein Körbchen oder einen anderen Behälter, worin du sie aufbewahrst
- ein schönes Stück Stoff zum Auskleiden der Schublade (z. B. einen pinkfarbenen oder bunt bedruckten Tildastoff oder einen mit süßen Karos)
- ein ca. 12 x 12 cm großes Stück Stoff aus Baumwolle oder Leinen oder für den besonderen Effekt auch einen Stoff aus Organza (Hauptsache er ist duftdurchlässig)
- ein Stück Band oder Schnur, ca. 15 cm lang
- ca. 3 Esslöffel Potpourri – oder getrocknete Zimtstangen, ganze Nelken, getrocknete Zitronen- oder Orangenschalen oder getrocknete Rosenblütenblätter

Und so geht's

Leere zunächst deine Schublade oder dein Schrankfach aus und lege die Wäsche beiseite.

Wenn nötig, säubere die Schublade: Entweder nimmst du dir den Staubsauger oder einen feuchten Lappen zu Hilfe.

Lege das Fach oder das Körbchen mit dem bunten Stoff aus, sodass der ganze Boden damit bedeckt ist.

Sortiere deine Wäsche nach BHs, Höschen, Bustiers, Hemden, Strümpfen usw. und lege sie zu kleinen Stapeln zusammen.

Falte jedes Teil ordentlich zusammen und lege dann die Stapel getrennt ins Fach oder in das Körbchen. Wenn dir eine richtig große Kommodenschublade zur Verfügung steht, kannst du dir als Trennhilfe noch dicke Pappstreifen ausschneiden, die du mit schönem Papier beklebst und dann zwischen die einzelnen Stapel legst.

Bastle dir dein eigenes Duftkissen: Lege das Stück Baumwoll- oder Leinenstoff mit der bedruckten Seite nach unten auf einen Tisch. In die Mitte legst du nun dein Potpourri oder die getrockneten Schalen und Gewürze. Nimm alle vier Ecken, sodass ein kleines Säckchen entsteht, und binde die Zipfel oben vorsichtig mit dem Band zusammen.

Wenn du nun dein Duftkissen unter deine Wäsche legst, wird dir aus deiner Schublade oder dem Körbchen immer ein angenehmer Duft entgegenströmen.

Meine Notizen

Mit meinem neu sortierten und dekorierten Wäschefach
fühle ich mich

_____

_____

_____

Ich finde, BHs sind

_____

_____

_____

Wenn wir auf das Thema »BHs« zu sprechen kommen,
reagieren meine Freundinnen so:

_____

_____

_____

KAPITEL 3:

Lebenslänglich?

Conny stand vor dem Badezimmer und warf einen prüfenden Blick durch den Flur. Auf keinen Fall durften ihr jetzt ihre jüngeren Brüder über den Weg laufen! Sie war gerade dabei, etwas sehr Wichtiges herauszufinden, und dabei wollte sie absolut nicht gestört werden. Besonders dieses Mal nicht!

Beruhigt stellte sie fest, dass ihre beiden Brüder unten vor dem Fernseher mit einem Ringkampf beschäftigt waren, schlüpfte dann rasch ins Badezimmer und schloss die Tür hinter sich. Jetzt war Schluss mit lustig! Sie wollte nun endgültig herausfinden, was es mit dieser mysteriösen Periode auf sich hatte. Ihre Freundin Anna hatte sie heute zum ersten Mal »bekommen« – was auch immer das bedeutete –, und Conny ertrug den Gedanken einfach nicht mehr länger, dass sie als Einzige nicht zu wissen schien, worüber die anderen die ganze Zeit sprachen.

Eigentlich hatte sie ja ihre Mutter fragen wollen – schließlich war sie ja auch eine Frau. Aber als sie heute von der Schule nach Hause gekommen war, hing sie mal wieder am Telefon. Es schien so, als ob das Gespräch noch länger dauern würde. Conny war verzweifelt. Dann musste sie es eben alleine herausfinden!

Sie öffnete den Hängeschrank und kletterte dann auf einen Hocker, damit sie besser an das oberste Regal herankam. Sie konnte sich noch ganz schwach an den Tag erinnern – damals war sie ungefähr fünf –, als sie ihre Mutter gefragt hatte, was in den kleinen, blauen Schächtelchen war. Ihre Mutter hatte bloß geantwortet: »Das ist nur was für Mamis.« Als Conny dann das nächste Mal nachgesehen hatte, standen die Kartons ganz oben im Regal, wo sie nicht rankam.

Jetzt war sie sich ganz sicher, dass das nicht nur »was für Mamis« war, sondern auch für Mädchen in ihrem Alter. Sie hatte nämlich ein ähnliches Schächtelchen in Annas Rucksack gesehen.

Da erblickte sie auch schon die beiden Boxen. Eine davon war geöffnet. Ein paar seltsame, schmale und längliche Dinger ragten heraus. Sie steckten in einer durchsichtigen Hülle und sahen aus wie etwas zu groß geratene Zäpfchen. Conny nahm eins und steckte es sich hinters Ohr. Sie wollte es mit in ihr Zimmer nehmen und es dort genauer unter die Lupe nehmen. Dann öffnete sie die zweite, größere Box. Sie enthielt lauter kleine, einzeln verpacke »Kissen«. Zumindest fühlte es sich so an. Eine Gebrauchsanleitung war nicht dabei. (Ganz bestimmt war das beabsichtigt, denn wahrscheinlich wollte man nicht, dass Uneingeweihte erfuhren, worum es sich bei diesen Dingern handelte und was man damit machte.) Conny stopfte sich schnell eines dieser in Folie verpackten »Kissen« in die Tasche und untersuchte die Schachtel dann genauer.

Binden normal mit Flügeln, las sie. *Der sichere Schutz. Mit Frischeduft.*

»Binden, die Flügel haben?! Das versteh ich nicht. Und wogegen muss ich denn geschützt werden?«, murmelte Conny vor sich hin. »Gegen irgendetwas, was stinkt?« Vielleicht wollte sie jetzt doch lieber nichts mehr darüber wissen.

»Conny?« Ihre Mutter stand vor der Badezimmertür. »Alles okay bei dir, mein Schatz?«

Die Tür öffnete sich, und Conny fiel fast vom Hocker. Sie drehte sich um und sah ihre Mutter entsetzt an. Ob

sie jetzt schimpfen würde, weil sie in ihren Sachen rum-
gewühlt hatte?

Doch um die Mundwinkel der Mutter zuckte es bloß
verdächtig, als sie amüsiert feststellte: »Der Tampon hinter
deinem Ohr steht dir gut.«

Sie streckte ihre Hand aus und reichte sie Conny. »Ich
glaube, es wird Zeit für ein richtiges Frauengespräch«,
sagte sie.

Info-Ecke

Connys Mutter nahm sich viel Zeit, um ihr die ganze Sache
mit der Periode zu erklären. Schließlich gibt es eine Menge,
was man darüber wissen muss.

Die korrekte Bezeichnung für die Periode (manche sagen
auch »Tage« oder »Regel« dazu) lautet »Menstruation«.
Gemeint ist die Blutung, die aus deiner Scheide austritt
(wahrscheinlich entdeckst du sie beim ersten Mal in deiner
Unterhose oder nach dem Toilettengang im Klopapier).
Sie dauert ungefähr drei bis sieben Tage. Obwohl man
das Gefühl hat, in dieser Zeit viel Blut zu verlieren, ist es in
Wirklichkeit meist nicht mehr als eine halbe Tasse. Manche
Mädchen haben große Panik vor dem »ersten Mal«, weil
sie befürchten, dass sie es nicht rechtzeitig bemerken und
die Folgen dann auf ihrer Kleidung zu sehen sind (oder
auf Stühlen, Sofas, Betten, Autositzen ... du kannst dir vorstellen, was ich meine). Alles Neue ist am Anfang komisch
und manchmal auch beängstigend, aber wenn du dich
erst einmal daran gewöhnt hast, während deiner Tage eine
Binde zu tragen, wird es bald ganz natürlich für dich sein
und zu deinem Frausein dazugehören.

Nachdem Conny das begriffen hatte, fielen ihr sofort
jede Menge Fragen dazu ein. Dir geht das sicher genauso.

Häufige Fragen und Antworten

? »Warum müssen wir Frauen etwas durchmachen, was so eklig und peinlich ist? Wozu braucht man das überhaupt?«

! Die Menstruation ist ein Ablauf in deinem Körper, der notwendig ist, um Babys bekommen zu können. Sieh dir hier erst einmal folgende Zeichnung an. Sie stellt die weiblichen Geschlechtsorgane dar – die Regionen deines Körpers, die mit der Menstruation zu tun haben:

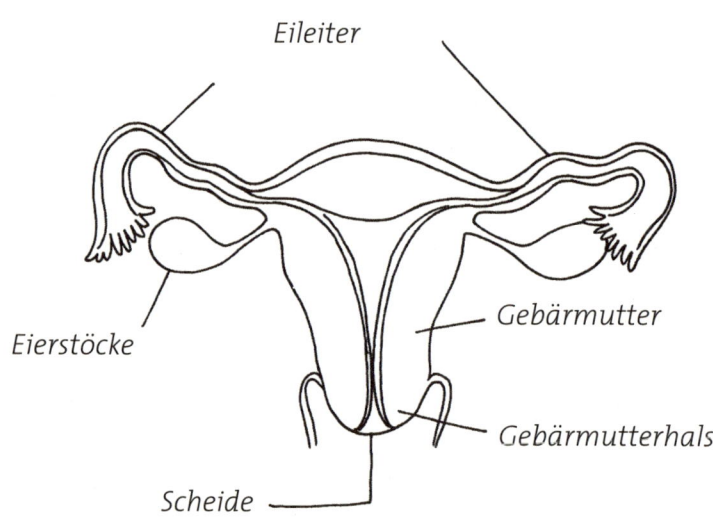

Und so funktioniert die Sache mit der Menstruation:
In den *Eierstöcken* – das sind so kleine, mandelförmige Organe – befinden sich die Eizellen. Ihre Anzahl, ca. 400 000, ist von Geburt an festgelegt. Aus ihnen kann später mal ein Baby entstehen (natürlich nicht aus allen 400 000!). Außerdem produzieren die Eierstöcke auch die weiblichen

Geschlechtshormone Östrogen und Progesteron, ein Vorgang, der erstmals in der Pubertät beginnt. Sie sorgen dafür, dass die unbefruchtete Eizelle jeden Monat abwechselnd aus dem linken und dem rechten Eierstock ausgestoßen wird. Das nennt man auch »Ovulation« oder »Eisprung«. Der Eisprung findet ungefähr zwei Wochen vor Eintritt deiner Periode statt.

Der *Eileiter* ist ein röhrenförmiges Organ, das von der Gebärmutter zu den beiden Eierstöcken führt. Sein Durchmesser ist nicht dicker als eine Nadel. Die beiden Eileiter haben die Aufgabe, die Eier aufzunehmen, die vom Eierstock ausgestoßen werden. Bei der winzigen Größe der Eileiter kannst du dir vorstellen, wie klein dann erst die Eier sind. Die Eileiter haben fächerförmige Enden, die sogenannten Fransentrichter (auch »Fimbrien« genannt), die sich über den Eierstock bewegen, die freigesetzte Eizelle aufnehmen und über kleine Härchen weitertransportieren können. Das dauert ungefähr vier Tage. Wenn in diesem Zeitraum eine männliche Samenzelle auf das Ei trifft und seine äußere Hülle durchstößt, kann so ein neues Leben entstehen.

Die *Gebärmutter* (der Fachbegriff lautet »Uterus«) ist ein birnenförmiges Organ, das manchmal auch Mutterleib genannt wird. Sie ist ungefähr so groß wie deine Faust. Hier nistet sich das von einer Samenzelle befruchtete Ei ein und wächst zu einem Baby heran.

Die Gebärmutterwände bestehen aus kräftigen, dehnbaren Muskeln, damit sie sich dem heranwachsenden Kind während der Schwangerschaft anpassen können. Nach dem Eisprung bewirkt das weibliche Hormon Östrogen, dass sich die Gebärmutter aufbaut, also wächst und gut durchblutet wird. So bereitet sie sich auf die Einnistung des Eis und die Ernährung des ungeborenen Babys vor. Wenn das Ei jedoch nicht befruchtet wird, entsteht auch kein Baby. Deshalb muss die ganze Schleimhaut, die sich dafür an der Innenwand der Gebärmutter gebildet hat, wieder abgebaut und ausgestoßen werden. Und schon haben wir das, was wir die »Periode« nennen!

Der *Gebärmutterhals* (auch »Zervix« genannt) ist die Verbindung zwischen Gebärmutter und Scheide. Er produziert ein schleimiges Sekret, das dann durch die Scheide austritt. Auch das Baby muss diesen Weg bei der Geburt passieren.

Die *Scheide* (oder auch »Vagina«) ist sozusagen der »Eingang« ins Innere deines Körpers. Sie ist im Normalzustand etwa acht bis zwölf Zentimeter lang. Aber bei der Geburt eines Babys dehnt sie sich natürlich um ein Vielfaches! Gott hat das alles ganz genau geregelt.

? »Wie ist das denn nun, wenn man seine Periode hat? Kommt da nicht total viel Blut raus?«

! Das Menstruationsblut ist eigentlich kein reines Blut, sondern es besteht außerdem noch aus dem Gewebe der Gebärmutterwand und dem schleimigen Sekret aus Gebärmutterhals und Scheide. Das Blut sorgt dann natürlich dafür, dass der Ausfluss rot aussieht. Anfangs hat er eine bräunlich-rote Farbe, wird dann dunkelrot und gegen Ende der Periode wieder heller. Ab und zu werden auch ein paar Klümpchen dabei sein (das ist das Gewebe aus der Gebärmutter). In den ersten zwei Tagen ist die Blutung normalerweise am stärksten, dann lässt sie allmählich wieder nach.

? »Aber was mache ich denn, wenn da so viel Zeug rauskommt?«

! Hier kommen jetzt die Binden ins Spiel. Es gibt sie in allen möglichen Arten und Formen. Man nennt sie auch »weibliche Hygieneprodukte« (nur für den Fall, dass du sie beim Einkaufen suchst). Eigentlich ist das viel einfacher als beim Kauf eines BHs, weil man nur zwei grundlegende Produkte, nämlich Binden und Tampons, zur Auswahl hat:

Binden
Die meisten Mädchen benutzen zuerst Binden, weil sie einfach anzuwenden sind. Eine Binde besteht aus mehreren Schichten weicher Baumwolle oder ähnlichen Materialien. Sie sieht wie eine Art längliches »Kissen« aus und ist sehr saugfähig. Auf der Unterseite hat sie einen Klebestreifen, damit sie in deiner Unterhose nicht verrutschen kann. Anfangs fühlt sich so eine Binde vielleicht etwas komisch an, aber du wirst dich bald daran gewöhnen. Es gibt viele verschiedene Sorten von Binden auf dem Markt. Hier ein kleiner Überblick über die wichtigsten Arten und Formen:

- *Maxi Binden* sind dickere Binden, die du eventuell zum Schutz in den ersten Tagen brauchst. Danach kannst du die *Normal Binden* (die dünner sind) benutzen.
- *Binden mit Flügeln* kann man um die Seiten der Unterhose herumschlagen. Dadurch vermeidet man, dass sich die Binde zusammenknautscht oder verrutscht – was dann dazu führen könnte, dass Blut danebengeht und dir deine Unterhose oder Jeans verschmutzt. Mit dieser Binde hast du sozusagen einen Rundumschutz und gehst in jedem Fall auf Nummer sicher.
- Dann gibt es noch sogenannte *Slipeinlagen*. Das sind ganz dünne Binden, die für die letzten ein bis zwei Tage deiner Periode gut geeignet sind.

Manche Binden und Slipeinlagen sind noch einmal einzeln verpackt, sodass du sie gut in deiner Handtasche oder deinem Rucksack verstauen kannst. Nimm dir auf jeden Fall immer genug mit, wenn du deine Periode hast, damit du sie immer wechseln kannst, wenn es nötig ist. Wenn das Menstruationsblut mit Luft in Berührung kommt, entstehen unangenehme Gerüche. Deshalb sollte man die Binde regelmäßig wechseln, auch gegen Ende der Periode, wenn die Blutung nicht mehr so stark ist. Am Anfang der Periode wechselt man sie ungefähr alle zwei Stunden, gegen Ende dann nur noch alle vier bis fünf Stunden.

Tampons und Binden dürfen nie über die Toilette entsorgt werden, weil sonst das Abflussrohr verstopft. Roll sie zusammen und wickle sie dann in Klopapier oder in die Verpackungshülle der nächsten Binde ein, die du benutzen willst. Dann kannst du sie in den Mülleimer werfen. In den meisten öffentlichen Toiletten gibt es Hygienebeutel und einen kleinen Metall- oder Plastikeimer, die für diese Zwecke bestimmt sind.

Tampons

Tampons sind die »Zäpfchen«, die Conny im Badezimmerschrank entdeckt hatte. Ein Tampon ist eine fest zusammengepresste Watterolle aus Viskose oder Baumwolle, die in die Scheide eingeführt wird. Dort saugt sie alles Blut aus der Gebärmutter auf, noch bevor es aus dem Körper austritt. Deine Scheide ist sehr dehnbar und umschließt den Tampon deshalb von allen Seiten, sodass er nicht herausfallen kann. Am unteren Ende ist der Tampon mit einem Faden ausgestattet, den du beim Einführen in die Scheide etwas heraushängen lässt. So kannst du den Tampon bequem wieder herausziehen, wenn er vollgesaugt ist.

Viele Mädchen und Frauen benutzen lieber einen Tampon als eine Binde. Das hat einige Vorteile:

- Wenn er richtig eingeführt ist, spürt man ihn gar nicht.
- Weil er so klein ist, kann man ihn überallhin unauffällig mitnehmen.
- Es entstehen keine Gerüche wie bei der Verwendung einer Binde.
- Man kann ihn von außen nicht sehen, auch nicht, wenn man einen Badeanzug anhat.

? »Wenn Tampons so toll sind, warum benutzt dann überhaupt noch jemand Binden?

! Dafür gibt es einige Gründe:

- Bei sehr jungen Mädchen ist der Scheideneingang noch ziemlich eng und deshalb kann sich das Einführen des Tampons zunächst unangenehm anfühlen.
- Es ist gar nicht so einfach, Tampons richtig einzuführen. Viele Mädchen möchten sich erst mal in aller Ruhe an die ganze Angelegenheit mit der Periode gewöhnen, ohne sich auch noch damit rumärgern zu müssen.
- Manche Mütter sehen es nicht gern, wenn ihre Tochter Tampons benutzt.

Wenn deine Mutter etwas gegen die Benutzung von Tampons hat, solltest du ihre Meinung respektieren. Manche Mütter halten Tampons für bedenklich, weil sie befürchten, dass man davon krank wird, mehr unter Krämpfen leidet oder sich beim Einführen verletzen kann. Es gibt zwar eine Krankheit, die unter anderem durch die Verwendung von Tampons ausgelöst wird. Sie nennt sich TSS (Toxisches Schocksyndrom). Sie tritt aber äußerst selten auf, und im Zusammenhang mit Tampons auch nur dann, wenn der

Tampon nicht regelmäßig gewechselt wird, weil sich dann die Bakterien in der Scheide rasant vermehren können. Krämpfe während der Periode haben nichts mit den Tampons zu tun und Verletzungen können auch nicht auftreten. Mit einer Watterolle kann man sich schließlich nicht verletzen. Wenn deine Mutter also Bedenken dieser Art äußert, kannst du ihr entweder diesen Abschnitt hier zeigen oder du wartest einfach noch eine Weile. Deine Mutter muss sich eben auch erst daran gewöhnen, dass du älter wirst und dein Körper sich verändert.

Wenn du dich doch dazu entschließt, einen Tampon zu benutzen, kannst du hier nachlesen, wie er funktioniert.

1. Zuerst einmal musst du herausfinden, welche Art von Tampon am besten für dich geeignet ist. Es gibt verschiedene Sorten:
   - mit *Kartonapplikator*. Ein Applikator ist ein kleines Röhrchen, das einem dabei hilft, den Tampon richtig einzuführen. Er besteht eigentlich aus zwei dünnen Pappröhrchen, die ineinandergeschoben sind. Im Inneren befindet sich der Tampon. Achte darauf, dass der Applikator in deinem Rucksack oder deiner Tasche nicht zerdrückt wird.
   - mit *Plastikapplikator*. Dieser Applikator funktioniert genauso wie der Kartonapplikator, ist aber meist nur halb so lang und auch etwas stabiler und glatter. Allerdings ist er nicht so ganz umweltverträglich, weil er Weichmacher enthält.
   - *ohne Applikator*. Dieser Tampon ist so klein, dass du ihn ganz einfach mit dem Finger einführen kannst. Anfänger kommen damit manchmal besser zurecht, weil es keine Teile gibt, die man wieder herausziehen muss.
   - Wie bei den Binden sind auch die Tampons unter-

schiedlich groß und dick. Das hat etwas mit der Saugfähigkeit zu tun. Am besten legst du dir gleich eine Auswahl verschiedener Tampons zurecht, damit du zu jedem Zeitpunkt während deiner Periode gut versorgt bist. Es gibt die Größen Mini, Normal, Super und Super+. Auf den meisten Packungen findest du die praktischen Tropfensymbole, die die Stärke der Monatsblutung symbolisieren. Ein Tropfen entspricht einer sehr leichten Monatsblutung. Je mehr Tropfen auf der Packung aufgedruckt sind, desto saugfähiger und größer ist der Tampon. Wenn du ein paarmal deine Tage gehabt hast, wirst du herausfinden, welche Größe wann am besten für dich geeignet ist.

2. Den Packungen ist meist eine kleine Gebrauchsanweisung beigelegt, der du einfach folgen kannst. Wenn es trotzdem nicht klappt oder du noch Fragen hast, bitte deine Mutter, große Schwester, Freundin oder eine andere Person, zu der du Vertrauen hast, um Hilfe. Versuche dann ganz entspannt, den Anweisungen zu folgen. Wenn du es nicht schaffst, den Tampon einzuführen, probier es später noch einmal. Es ist keine Schande, wenn es beim ersten Mal nicht klappt. Das geht vielen Mädchen so. Viele versuchen es auch erst, wenn sie etwas älter sind.

3. Wenn du Schwierigkeiten beim Einführen hast, check mal die folgenden Punkte ab:
- Probier aus, den Tampon in einem leicht schrägen Winkel einzuführen. Deine Scheide knickt nämlich ein bisschen nach hinten ab (also Richtung Rücken). Klappt es jetzt besser?
- Ist deine Scheide vielleicht zu trocken? Versuchs mal mit etwas Vaseline auf dem Tampon. Du solltest nur keine Creme mit Parfüm oder Ähnlichem benutzen, weil dies deine Scheidenschleimhaut reizen kann.

- Beim Einführen solltest du die inneren Schamlippen (also diese Hautfältchen innen um den Scheideneingang herum) mit den Fingern der anderen Hand ein bisschen auseinanderhalten. Sonst kann es nämlich passieren, dass du sie mit dem Tampon einklemmst oder die Öffnung gar nicht triffst!
- Ist der Tampon zu groß? Wenn auch die kleinste Größe bei allen Tricks nicht »flutscht«, ist dein Körper vielleicht einfach noch nicht so weit. Dann benutze während der ersten Monate lieber Binden und probier es später noch einmal! Zum Üben hast du noch Zeit, bis du ungefähr 50 bist!
- Wenn du nach dem Einführen des Tampons Schmerzen hast bzw. ihn noch spürst, dann hast du ihn nicht weit genug eingeführt. Versuch dich zu entspannen und ihn noch etwas tiefer hineinzuschieben. Du solltest auch darauf achten, Tampons zu kaufen, die sich zur Seite hin ausdehnen und nicht in die Länge »wachsen«, wenn sie sich vollsaugen. Wenn deine Scheide noch nicht völlig ausgeformt ist, hat der Tampon sonst vielleicht nach oben hin keinen Platz und verschiebt sich nach unten, wo er dann reibt.

? »Heißt das, ich muss jetzt ständig überallhin Binden oder Tampons mitschleppen? Ich weiß ja nicht, wann ich das erste Mal meine Tage bekomme und will schließlich nicht plötzlich davon überrascht werden.«

! Um diese Frage zu beantworten, mach doch mal den folgenden Test.

Teste dich!

Die folgenden Anzeichen deuten darauf hin, dass du bald deine erste Periode bekommst. Kreuze an, was auf dich zutrifft. (Vergiss nicht, dass jeder Körper anders ist und nach seinem individuellen Zeitplan funktioniert. Ärgere dich also nicht, wenn noch nichts davon auf dich zutrifft. Irgendwann ist es auch bei dir so weit!)

- ☐ Ich bin älter als acht.
- ☐ Meine Brüste haben schon angefangen sich zu entwickeln.
- ☐ Mein Bauch fühlt sich oft aufgebläht an.
- ☐ Vor ungefähr zwei Jahren haben meine Schamhaare angefangen zu wachsen.
- ☐ Manchmal sehe ich so ein weißliches Zeug in meiner Unterhose.
- ☐ Ich habe Heißhungerattacken.
- ☐ Ich habe Rückenschmerzen.
- ☐ Meine Brüste sind schmerzempfindlich und geschwollen.
- ☐ Ich habe öfter schlechte Laune und bin schneller den Tränen nahe als sonst.
- ☐ Ich bin irgendwie träger und fauler geworden.
- ☐ Ich bekomme plötzlich Pickel!

Wenn du mindestens fünf dieser elf Merkmale angekreuzt hast, solltest du dir Binden oder Tampons besorgen und dir auch welche in deine Schultasche packen. Man kann zwar nicht voraussagen, ob deine Periode nun morgen oder erst in einem Monat kommt, aber wenn du gut ausgestattet bist, fühlst du dich auf jeden Fall sicherer. Vielleicht kannst du damit vorher ja auch einer Freundin aus der Patsche helfen, die nicht so gut darauf vorbereitet ist wie du? Wir Frauen sitzen alle in einem Boot und müssen uns da gegenseitig unter die Arme greifen!

Es gibt eine Menge Ammenmärchen über die Periode, die dir vielleicht auch irgendwann mal zu Ohren kommen. Hier sind die häufigsten Märchen, die schon seit Adam und Eva die Runde machen:

- ❧ *»Menstruationsblut ist giftig.«*
  Falsch. Es ist ein Bestandteil deines Körpers.
- ❧ *»An deinem Mundgeruch kann ein Junge erkennen, ob du deine Tage hast.«*
  Wie bitte? Das ist absoluter Quatsch.
- ❧ *»Wenn du deine Tage hast, kann dein Zahnarzt das sofort sehen.«*
  Auch Blödsinn! Und selbst wenn er das könnte oder wüsste, würde er als Arzt das bestimmt nicht im Wartezimmer herumposaunen.
- ❧ *»Schwimmen kannst du abhaken, solange du deine Tage hast.«*
  Wenn du ein Tampon benutzt, ist das kein Problem. Mit einer Binde oder Slipeinlage wäre das natürlich nicht möglich, weil sie wie ein Schwamm funktioniert. Du verstehst schon …
- ❧ *»Ein Tampon kann in deinem Körper ›verloren gehen‹.«*
  Auch Quatsch. Er kann nur bis zum Gebärmutterhals rutschen. Dass er durch die winzige, nur streichholz-

große Öffnung in die Gebärmutter rutscht, ist eher unwahrscheinlich.

▼ *»Wenn du deine Tage hast, solltest du deine Haare nicht waschen.«*
Das Gegenteil ist der Fall. Gerade wenn du die Periode hast, fühlst du dich viel besser, wenn du sauber bist und frisch aussiehst.

Noch mehr Infos

Bis jetzt klingt das mit der Periode alles noch ziemlich einfach und unproblematisch. Das ist es meistens auch. Es gibt allerdings auch ein paar wenige Dinge, die dich während dieser Zeit ganz schön aus der Bahn werfen können: Krämpfe, PMS, Wassereinlagerungen und unregelmäßige Perioden. Aber keine Sorge: Mit ein paar Tricks kannst du dir Abhilfe schaffen.

Krämpfe

Sie entstehen durch das Zusammenziehen der Gebärmuttermuskeln während der Periode. Warum manche Mädchen vor und während der Periode Bauchschmerzen haben und andere nicht, weiß keiner so genau. Normalerweise handelt es sich nur um ein leichtes, unangenehmes Ziehen im Bauch, aber einige wenige Mädchen haben so starke Krämpfe, dass sie sich am liebsten den ganzen Tag im Bett zusammenrollen würden. Manche Mädchen spüren überhaupt nichts (die Glücklichen!). Wenn du nicht dazu gehörst, habe ich hier ein paar Tipps für dich:

Bei akuten Krämpfen hilft Wärme: eine Wärmflasche, ein Gelkissen, ein heißes Bad oder eines dieser tollen Kirschkernsäckchen, die man in der Mikrowelle erhitzen kann. Du wirst merken, dass sich damit deine Muskeln entspannen.

Mach ein paar leichte Dehnübungen. So zum Beispiel: Stell dich mit leicht gegrätschten Beinen hin und berühre mit den Händen den Boden. Dabei müssen die Beine gerade bleiben. Oder: Knie dich auf den Boden und setz dich dabei auf die Fersen. Beuge dich dann mit nach vorn gestreckten Armen nach vorn, bis du mit der Stirn den Boden berührst.

Achte auf ausreichend Schlaf, ernähre dich gesund (siehe dazu auch Kapitel 5) und trink viel Wasser (ohne Kohlensäure).

Wenn das alles nichts hilft, kannst du deine Mutter bitten, dir ein leichtes, rezeptfreies Schmerzmittel (wie z. B. Ibuprofen, Paracetamol, Buscopan oder Dolormin für Frauen) zu besorgen, Aspirin solltest du gegen Regelschmerzen aber nicht einnehmen. Krampflösend wirkt auch Kamillentee.

Wenn die Krämpfe so schlimm werden, dass sie dich in deinen Aktivitäten stark einschränken, geh zum Arzt und lass dir ein noch stärkeres Medikament verschreiben. Du solltest dich nicht jedes Mal bei deiner Periode mit Schmerzen herumquälen müssen.

PMS

Wenn ein Mädchen schlecht gelaunt ist, hört man andere oft spöttisch sagen: »Die hat bestimmt ihre Tage.« Als ob nicht jeder Mal schlechte Laune haben könnte! PMS ist die Abkürzung für »Prämenstruelles Syndrom« und bezieht sich auf die verschiedenen Symptome, die eine Frau haben kann, bevor sie ihre »Tage« bekommt. Kommen dir die folgenden Symptome bekannt vor?

- Du fühlst dich irgendwie aufgedunsen und ganz aufgeschwemmt.
- Am liebsten würdest du alles essen, was dir zwischen die Finger kommt, besonders Süßigkeiten und GANZ besonders Schokolade!
- Du bist schlecht drauf und fühlst dich gereizt oder bist schnell den Tränen nahe.
- In einem Moment könntest du die ganze Welt umarmen (sogar deinen Bruder), im nächsten würdest du allen (besonders deinem Bruder) am liebsten eine kleben.
- Du hast dich für eine Weile aufs Ohr gelegt. Eine Stunde später ist dir schon wieder danach zumute.
- Auch wenn nicht jeder mit PMS Probleme hat, sind die Symptome echt. Du bildest dir das nicht ein. Natürlich sind mal wieder die Hormone daran schuld. Östrogen ist ein »Wohlfühlhormon« und sein Gehalt in deinem Körper sinkt kurz vor dem Einsetzen der Periode. Das schlägt sich dann auf deine Stimmung und dein körperliches Wohlbefinden nieder. Wenn du unter PMS leidest, erwartet bestimmt keiner von dir, dass du wie ein Strahlemann durch die Gegend läufst. Andererseits brauchst du dich aber auch nicht aufzuführen wie die »Axt im Walde«, und von den anderen erwarten, dass sie eben mit dir klarkommen müssen. Es gibt ein paar Dinge, die dir und anderen das Leben leichter machen:

- Suche dir eine Sportart, die dir Spaß macht und betreibe sie regelmäßig – möglichst an der frischen Luft.
- Achte darauf, dass du besonders an den »Tagen vor den Tagen« Nahrungsmittel mit »guten« Kohlenhydraten wie Vollkorngetreideprodukte, Kartoffeln und Gemüse zu dir nimmst (Anregungen dazu findest du in Kapitel 4).

- Meide zu viel Zucker und Koffein. Gut sind Gemüse, Vollkornprodukte und Nüsse.
- Du solltest mindestens acht Stunden pro Nacht schlafen.
- Such dir jemanden, mit dem du über deine Gefühle sprechen kannst und der dich versteht.
- Manchmal hilft es auch, wenn man einfach mal Zeit mit sich allein verbringt oder sich eine ruhige Beschäftigung sucht.
- Verwöhn dich während dieser Zeit mal so richtig! Lass dir ein Schaumbad ein, leg dir deine Lieblings-CD auf oder zieh dich mit deinem Lieblingsbuch zurück. Vielleicht bringt dich ja auch eine Kuschelzeit mit deinem Kaninchen oder deiner Katze wieder in Stimmung.

Wassereinlagerungen

Hast du manchmal das Gefühl, dass dein Körper, und vor allem dein Bauch, so aufgebläht ist wie ein Fußball? Das ist ein Hinweis darauf, dass dein Körper Wasser zurückhält. Meist ist es nur der Bauch, aber es kann auch vorkommen, dass deine Brüste, Hände, Knöchel, sogar dein Gesicht sich irgendwie dicker anfühlen. Die Schwellung wird jedoch von alleine zurückgehen, wenn die Periode einsetzt. In der Zwischenzeit kannst du Folgendes tun:

- Treib regelmäßig Sport.
- Nimm nicht zu viel Salz zu dir (ja, dazu gehören leider auch Chips und Pommes), besonders in den zwei Wochen vor deinen Tagen. Salz begünstigt Wassereinlagerungen.
- Iss lieber Fleisch, Fisch, Geflügel, Vollkornprodukte und Blattgemüse statt dich von Junkfood, Fast Food und Softdrinks zu ernähren.

- Trink viel Wasser. Das hilft, alles aus deinem Körper zu spülen, was Unwohlsein verursacht.
- Wenn deine Brüste in dieser Zeit empfindlich sind, trag einen guten, festsitzenden BH, am besten einen Sport-BH.

Unregelmäßige Blutungen

Vielleicht bekommst du in einem Monat deine Tage, die nächsten zwei Monate wieder nicht – und im darauffolgenden dafür gleich zweimal. Das kann ganz schön nervig sein, ist aber in den ersten Jahren deiner Periode nichts Ungewöhnliches. Bis sich alles eingependelt hat und du ungefähr alle 26 bis 37 Tage deine Periode bekommst, solltest du darauf achten, dass du immer eine »Notfallausrüstung« dabei hast. Notier dir immer den ersten Tag deiner Periode, damit du bis zum ersten Tag deiner nächsten Periode die Tage zählen kannst. Die Ursache für unregelmäßige Blutungen sind vielfältig. Wenn du schon eine Weile ganz regelmäßig deine Tage hattest und sie dann auf einmal »aus dem Takt« geraten, könnte einer der folgenden Gründe vorliegen:

- Falsche Ernährung, zu viel Junkfood – oder zu wenig Gemüse und zu wenig gute Proteine (die z. B. in Käse, Tofu, Putenfleisch oder Thunfisch enthalten sind) oder ständige Diäten.
- Tapetenwechsel, vielleicht ein Umzug oder ein Urlaub in einem ganz anderen Klima. Lass dir genügend Zeit, dich an die neue Umgebung zu gewöhnen. Wenn du dich nicht gleich am ersten Tag wie zu Hause fühlst, ist das völlig normal.
- Plötzliche Gewichtszu- oder -abnahme. Wenn das die Ursache für deine unregelmäßigen Blutungen ist, wird eine normale Ernährung Abhilfe schaffen. Falls

du unter Übergewicht leidest und abnehmen solltest, geh es langsam an. Mach keine Crash-Diäten, sondern ernähr dich lieber gesund.

▸ Ärger und Aufregung. Such dir einen Erwachsenen, mit dem du über alles reden kannst. Fang an, ein Tagebuch zu führen und alles aufzuschreiben, was dir Sorgen macht oder dich nervt. Achte darauf, dass du genügend Freiraum zum Spielen, Träumen oder einfach nur zum Chillen hast. Lass nicht zu, dass sich Ärger und Unmut in dir anstauen, sondern geh mit allem, was dich belastet, zu Gott. Bei ihm kannst du alle deine Sorgen loswerden.

▸ Eine Krankheit oder schwere Verletzung. Du musst wissen, dass jede größere, körperliche Verletzung oder Krankheit auch Auswirkungen auf deine Periode hat. Konzentrier dich einfach auf den Genesungsprozess. Danach wird sich alles wieder normalisieren.

▸ Zu viel körperliches Training. Das überrascht dich jetzt? Wenn du dich beim Training oder auf dem Sportplatz regelmäßig bis zur Erschöpfung verausgabst und du dann feststellst, dass deine Periode plötzlich aussetzt, dann will dein Körper dir damit sagen, dass du schleunigst einen Gang zurückschrauben musst. Das gilt vor allem dann, wenn du extrem müde bist oder Schmerzen hast. Dein Körper befindet sich immer noch im Wachstum. Er ist noch nicht bereit für einen Marathon!

▸ Gar kein Training. Bei Stubenhockern spielt die Periode oft völlig verrückt. Also raff dich auf und beweg dich. Das Kapitel »Startschuss für Couch-Potatos« kann dir dabei eine Hilfe sein.

▸ Eine unregelmäßige Periode kann für böse Überraschungen sorgen. Wenn du plötzlich deine Tage bekommst und keine Binden oder Tampons dabei hast, brauchst du nicht in Panik zu geraten. Hier ein paar Tricks, wie du dir helfen kannst:

Aus Toilettenpapier, Papiertaschentüchern oder Küchenrolle kann man sich eine »Not-Binde« basteln.

In vielen öffentlichen Toiletten gibt es Automaten, wo man Binden oder Tampons ziehen kann. Wenn du kein Geld dabei hast, frag ruhig die nette Dame, die sich gerade die Hände wäscht. Wir Frauen wissen alle, wie peinlich das sein kann. Das ist jedem schon mal passiert.

Wenn du einen Blutfleck auf der Hose oder dem Rock hast, wende einfach den altbewährten »Pulli-um-die Hüften«-Trick an. So merkt niemand etwas, bis du die Klamotten wechseln oder dir eventuell eine Binde besorgen kannst. Wenn du genügend Zeit hast, kannst du dir den Fleck vielleicht auch auf der Toilette rauswaschen und mit dem Händetrockner trocknen.

Mach dir nicht allzu große Sorgen, dass du vielleicht irgendwann mal, ohne es zu merken, mit einem Blutfleck auf der Kleidung herumläufst und dich womöglich plötzlich jemand darauf anspricht. Normalerweise passiert so etwas nicht. Wahrscheinlich hast du zuerst so ein nasses und klebriges Gefühl in der Hose, bevor das Blut überhaupt nach außen hin sichtbar wird. Bei den meisten Mädchen ist die Blutung am Anfang sowieso nur schwach, sodass das gar nicht erst passieren kann. Steck dir einfach eine Binde in den Rucksack, bevor du aus dem Haus gehst, und achte darauf, wie du dich fühlst. Dann kannst du ganz entspannt sein. Falls es dir doch einmal passiert, habt ihr bei eurer nächsten Pyjamaparty wenigstens etwas zu lachen.

Frag doch mal Gott!

Manche Frauen bezeichnen ihre Periode als »Fluch«, was möglicherweise seinen Ursprung in der Bibel hat. In 3. Mose 15,19–23 kannst du nachlesen, wie sich eine Frau damals verhalten sollte, wenn sie ihre Tage hatte:

- Jeder, der sie berührte, wurde unrein bis zum Abend.
- Alles, worauf sie saß oder lag, wurde auch unrein, und jemand, der diese Stellen berührte, hatte ebenfalls das Pech. (Für die Menschen im Alten Testament war es der absolute Horror, als unrein zu gelten. Das hieß nämlich, dass man sich von allem Reinen – wie zum Beispiel dem Tempel – fernhalten musste, es sei denn, man unterzog sich vorher einem ausgiebigen Reinigungsritual, bei dem es nicht nur ums Händewaschen ging.)
- Sobald ein Mädchen oder eine Frau ihre Tage hatte, durfte sie nur noch von ihrem Ehemann berührt werden (nicht einmal ihrem Vater war das gestattet).
- Frauen, die ihre Periode hatten, durften sich nur an bestimmten Orten aufhalten, damit sie andere nicht berühren und sie damit ebenfalls »unrein« machen konnten.

Das Problem haben wir heute zum Glück nicht mehr. Keiner wird dich in die Garage sperren, nur weil du für sieben Tage im Monat »unrein« bist. Trotzdem kann sich das alles wie ein Fluch anfühlen, wenn man sich mit Bauchkrämpfen herumquält und sich Sorgen machen muss, dass man seine Lieblingsjeans versaut, oder wenn man die Binden am fünften Tag der Periode einfach nicht mehr sehen kann.

Auch wenn es dir noch schwerfällt zu glauben: Die Menstruation ist Teil eines total coolen Systems, das Gott sich ausgedacht hat, um das ungeborene Baby mit Nahrung zu versorgen. Früher haben die Mädchen bereits geheiratet, als sie ungefähr in deinem Alter waren. Damals machte es wahrscheinlich mehr Sinn, dass man seine Tage schon so früh bekam. Für neun-, zehn- oder zwölfjährige Mädchen heutzutage ist eher schwierig, die Menstruation als Segen zu betrachten, weil man vielleicht erst Jahre später ein Baby bekommt! Wenn du also nicht mehr länger das Gefühl haben willst, das Ganze sei nichts als ein »Fluch«, dann wird es Zeit, dass du eine positive Einstellung entwickelst. Gott versteht es total, dass die Tage manchmal ganz schön nervig sein können. Offensichtlich ist es ihm aber trotzdem wichtig, dass du erkennst, dass Frausein etwas Wunderschönes ist. Lies dir einmal das Hohelied Salomos durch. Das ist ein ziemlich dünnes Buch im Alten Testament. Am Anfang kommt es dir vielleicht seltsam vor, wenn ein junger Mann davon spricht, dass die Haare seiner Geliebten ihn an eine Herde Ziegen erinnern, die vom Gebirge ins Tal ziehen. In Wirklichkeit geht es hier aber um eine Liebesgeschichte, die dir zeigen soll, dass Gott dich genauso liebt wie ein Bräutigam seine Braut. Wenn dort allerdings steht, dass deine Zähne so weiß sind wie geschorene Schafe und deine Wangen rot wie eine Scheibe vom Granatapfel, fragst du dich wahrscheinlich, was das mit dir und Gott zu tun haben soll. Aber wenn du dich schlecht fühlst, weil du deine Tage hast, und es als Strafe oder gar Fluch empfindest, tröstet dich vielleicht dieser Vers:

Steh auf, meine Freundin, meine Schöne, und komm!
Hohelied 2,13

Sind die Krämpfe und andere Unannehmlichkeiten nicht viel besser zu ertragen, wenn man weiß, dass man geliebt ist?

Jetzt kann's losgehen!

Auch wenn du schon mal deine Tage gehabt hast, ist das alles für dich wahrscheinlich noch ziemliches Neuland. Wenn du sie noch nie hattest, fühlst du dich vielleicht unsicher und nervös. Aber selbst wenn du kaum erwarten kannst, bis es so weit ist: Hier ist ein »Spiel«, das dir bestimmt richtig viel Spaß macht.

Überleg einmal, wie viele Frauen du kennst, mit denen du dich gut unterhalten kannst. Bitte eine oder zwei von ihnen, sich mit dir zu einem Chillabend zu treffen, damit sie dir mal erzählen können, wie das bei ihnen so war, als sie das erste Mal ihre Periode bekommen haben. Das wird bestimmt ein lustiger Abend, und du wirst feststellen, dass jedes Mädchen da durch muss – und trotzdem überlebt! Außerdem müssen wir Frauen zusammenhalten, wenn es um Dinge geht, wovon Männer keine Ahnung haben.

Das brauchst du

Eine, zwei oder höchstens drei erwachsene Frauen oder Mädchen, die schon etwas älter sind. Du musst dir auf jeden Fall sicher sein, dass du problemlos über so intime Dinge wie die Pubertät sprechen kannst. Vielleicht fragst du einfach deine Mutter, deine große Schwester und deine Tante. Oder deine Mutter und ihre beste Freundin. Oder deine Freundin und ihre Mutter. Egal, wer dir einfällt, wichtig ist, dass du ihnen vertraust und du dich in ihrer

Nähe wohlfühlst. Ein paar Snacks gehören natürlich auch
dazu. Ob gesund oder nicht: Mit Schokolade, Erdnüssen
oder Popcorn liegst du bestimmt nicht verkehrt!

Und so geht's

Trefft euch an einem ruhigen Ort, wo ihr sicher sein könnt,
dass euch keine männlichen Wesen über den Weg laufen
(oder euch belauschen können). Und dann macht es euch
richtig gemütlich!

Hier ein paar Fragen, die du den anderen stellen kannst:

- Was war dein peinlichster Moment im Zusammenhang mit deiner Periode?
- Wie hat *deine* Mutter dich über die Periode, Brüste und
  den ganzen Mädchenkram aufgeklärt?
- Kannst du mir irgendeinen Rat für die Zeit der Pubertät geben?

Um diese Erkenntnis wirst du reicher

Es gibt keine Frau, die das, was du gerade erlebst, nicht
auch schon durchgemacht hat. Jede wird Verständnis
dafür haben. Du kannst dich also ruhigen Gewissens an
andere Frauen wenden, wenn du Fragen oder auch nur
einen schlechten Tag hast. Das braucht dir nicht peinlich
zu sein. Verbünde dich mit anderen Frauen, und du wirst
die Erfahrung machen, dass ihr füreinander da sein könnt,
wann immer es nötig ist.

Nach eurem »Frauen-Chillabend« kannst du dich zum
»Klub der Eingeweihten« zählen. Wundere dich also nicht,
wenn sie dich ab jetzt nicht mehr wie ein kleines Kind
behandeln.

Meine Notizen

Bei unserem gemeinsamen Chillabend fand ich diese
Story am lustigsten:

_____

_____

_____

Nach diesem Abend und den Gesprächen fühle ich mich

_____

_____

_____

Dafür möchte ich Gott danken:

_____

_____

_____

KAPITEL 4:

Startschuss für Couch-Potatos

Heute trug Conny ihren gelben BH (der pinkfarbene, der blaue und der weiße lagen hübsch gefaltet in ihrer speziellen, selbst dekorierten Wäscheschublade). An diesem Morgen hatte sie gerade ihre »Notfallausrüstung« ganz unten in ihren Rucksack gestopft: Binden, frische Unterwäsche und einen Pocket-Fleckentferner. Vergnügt versuchte sie, den Rucksack ganz oben in dem winzigen Regalfach zu verstauen. Irgendwie war es doch gar nicht so schlimm, eine Frau zu werden.

»Hui«, rief da jemand hinter ihr.

Conny drehte sich um und sah gerade noch, wie Valerie, die Neue, auf ihren Bauch starrte. Schnell zog sie ihre Bluse herunter, die ihr bei dem Versuch, das Regal zu erreichen, nach oben gerutscht war.

»Was ist?«, fragte sie. »Was meinst du mit ›hui‹?«

Valerie rümpfte die Nase. »Deine Speckröllchen.«

»Blödsinn«, widersprach Conny empört. »Ich hab überhaupt nichts mehr zu essen da.«

»Ne, du Pflaume.« Valerie zog Connys Bluse so weit hoch, dass ihr Bauch zum Vorschein kam. »Ich meine das Fett, das über deiner Jeans herausquillt. Das nennt man Speckröllchen.«

Conny riss die Bluse wieder nach unten. »Hallo? Wie unhöflich ist das denn?«, rief sie.

»Na und?« Valerie zuckte gleichgültig mit den Achseln. »Dann verschließ doch weiter die Augen vor der Wirklichkeit, wenn's dir hilft.«

Bei der nächsten Gelegenheit flüchtete Conny aufs Mädchenklo. Nachdem sie sichergestellt hatte, dass sie alleine war, stellte sie sich vor den Spiegel und zog ihre Bluse hoch.

Tatsächlich! Valerie hatte recht. Sie hatte wirklich eine richtige Speckrolle.

»Ich bin fett«, stellte sie laut fest.

In diesem Moment ging die Tür auf, und Anna und Sophie kamen herein. Conny bedeckte schnell ihren Bauch mit der Bluse.

»Was machst'n du da?«, fragte Anna.

»Findet ihr, dass ich fett bin?«, wollte Conny wissen.

Sophie riss die Augen auf. »Was? Quatsch!« Sie stellte sich breitbeinig vor den Spiegel und zog ihr Oberteil hoch. »*Das* hier nennt man Fett.«

»Klar«, erwiderte Conny spöttisch. Sophies Rippen waren deutlich zu erkennen.

Anna stand mit gekreuzten Armen vor ihr und zog die Augenbrauen hoch. »Ich würde nicht sagen, dass du fett bist, Conny, aber ein bisschen Bewegung würde dir bestimmt nicht schaden.«

»Du meinst, ich soll Sport machen?« Conny runzelte die Stirn.

»Du kannst mit uns Fußball spielen, wenn du willst«, bot Anna ihr an.

»Ich hasse Sport!«, brummte Conny. »Es ist einfach nicht mein Ding!«

»Dann komm doch am Samstag mit zum Inlineskaten«, schlug Sophie vor.

»Das kann ich nicht so gut.«

Anna verdrehte die Augen. »Dann beschwer dich auch nicht, dass du fett bist.«

Conny schwieg. Aber für den Rest des Tages konnte sie an nichts anderes mehr denken, als an ihre Speckröllchen.

Info-Ecke

Nur damit es kein Missverständnis gibt: In diesem Kapitel geht es *nicht* ums Abnehmen, also darum, aus dir ein halb-verhungertes Model zu machen. Sondern darum, dass du entdeckst, dass Bewegung nicht nur gut für deine Fitness und deine Gesundheit ist, sondern obendrein richtig viel Spaß machen kann. Doch vorher solltest du noch drei Dinge beachten:

1. In der jetzigen Phase deines Lebens, wo sich dein Körper noch entwickelt, solltest du auf sämtliche Hungerkuren und Diäten verzichten, es sei denn, dein Arzt hat dir gesagt, dass du abnehmen musst. Auch wenn du durch Sport natürlich ein paar Kilo verlieren kannst, sollte Abnehmen nicht dein Hauptmotiv sein. Achte darauf, dass das Ziel deiner körperlichen Aktivi-täten eine möglichst gesunde Lebensweise ist. Wie das geht, wirst du auf den folgenden Seiten erfahren.

2. In Kapitel 1 ging es bereits darum, dass dein Körper zurzeit ziemlich schnell wächst, nämlich abwechselnd in die Höhe und in die Breite. Deshalb kann es sein, dass du dich manchmal ziemlich unförmig und dick fühlst, bis du wieder ein Stück gewachsen bist. (Oder du schießt zuerst in die Länge und kommst dir dabei vor wie eine Bohnenstange, weil dein Gewicht noch hinterherhinkt.) *Mach dir deswegen keine Sorgen!* Wenn du dich gesund ernährst (dazu mehr in Kapitel 5) und dich ausreichend bewegst (darum geht es in diesem Kapitel), wird sich irgendwann alles ausglei-chen, und du wirst dich zu einer hübschen, jungen Dame entwickeln, so, wie Gott dich haben wollte.

3. Es gibt nur *sehr wenige* Mädchen, die eine Modelfigur haben oder aussehen wie eine Schauspielerin. Manche von den Covergirls oder den Frauen, die in der Werbung gezeigt werden, sehen in Wirklichkeit noch nicht einmal so aus, wie sie auf Fotos zu sehen sind. Die meisten Fotos in Zeitschriften und Magazinen sind nämlich mit Bildbearbeitungsprogrammen verändert worden. Mit so einem Programm kann man alles, was einem nicht gefällt, entfernen oder nachbessern. Und selbst wenn manche Mädels schlank sind wie eine Tanne und einen Busen haben wie Scarlett Johansson, so trifft das doch auf die allerwenigsten zu. Die meisten von uns gehören zwar zum ganz normalen Durchschnitt, aber wir sehen trotzdem toll aus, egal, welche Figur wir haben. Gewöhn dich einfach dran, deinen Körper so zu lieben, wie er ist, und zwar an jedem Tag deines Lebens. Dein Körper sollte dir so viel wert sein, dass du dich gut um ihn kümmerst und ihn gut pflegst. Schließlich hat Gott ihn dir dafür gegeben.

Frag doch mal Gott!

Schon gewusst? Dein Körper gehört eigentlich gar nicht dir selbst. Er gehört Gott, und der hat ihn dir anvertraut. Deine Aufgabe ist es, dass du dich um ihn kümmerst und ihn so gut wie möglich in Form hältst, damit du die Aufgaben, die Gott dir gibt, möglichst gut anpacken und all das genießen kannst, was er dir schenkt.

Vergleich es doch mal hiermit: Wenn Gott ein Fahrrad hätte und es dir ausleihen würde, würdest du dann nicht besonders darauf achtgeben, dass es gut läuft, immer sauber ist, und dass du auch keinen Unfall damit baust? Würdest du dich nicht schämen, wenn du Gott etwas

Geliehenes zurückgeben müsstest, das du total herunter-gewirtschaftet hast? Mit deinem Körper ist es nicht anders.

In der Bibel gibt es einen Vers, der den Nagel auf den Kopf trifft:

> *Oder habt ihr etwa vergessen, dass euer Körper ein Tempel des Heiligen Geistes ist, der in euch wohnt und den euch Gott gegeben hat? Ihr gehört also nicht mehr euch selbst. Gott hat euch freigekauft, damit ihr ihm gehört; nun dient auch mit eurem Körper dem Ansehen Gottes in der Welt.*
>
> 1. Korinther 6,19–20

Sport ist eine der wichtigsten Übungen, mit denen du deinen »Tempel« in Schuss halten kannst. Also, raff dich auf und pack es an!

Noch mehr Infos

Aber wozu muss ich denn unbedingt Sport treiben? Was bringt mir das?

Nun, es bringt so einiges:

- Du bekommst mehr Energie und Ausdauer und hast mehr Power für all die anderen Aktivitäten, die dir wichtig sind.
- Du schläfst besser.
- Deine Muskeln werden stärker und du wirst gelen-kiger (was sich nicht nur gut anfühlt, sondern auch gut aussieht).

- Deine Augen werden wacher und deine Haut verbessert sich.
- Du bekommst mehr Selbstvertrauen.
- Sport ist ein gutes Mittel gegen Depri-Phasen!

Vielleicht sagst du jetzt: »Okay, okay, dann mach ich eben Sport.« Oder du fragst dich, wie oft du Sport treiben solltest. Hier kommt erst mal wieder ein kleiner Test:

Teste dich!

Kreuze jeweils die Antwort an, die am ehesten auf dich zutrifft. Keine Antwort ist »falsch« oder »richtig«.

Am liebsten
a) spiele ich in einer Mannschaft.
b) turne ich oder mache Gymnastik.
c) roll ich mich auf dem Sofa zusammen und lese ein Buch.

Wenn ich mir etwas Cooles aussuchen dürfte, dann wären das
a) ein Paar Fußballschuhe, ein Basketballkorb oder ein Volleyballnetz.
b) ein Fahrrad, Inliner oder eine Tauchausrüstung.
c) ein iPod, ein Handy oder eine Digitalkamera.

Wenn mich heute jemand zu einer Tageswanderung einladen würde,
a) wäre ich total aus dem Häuschen.
b) würde ich mich vermutlich ziemlich anstrengen müssen, aber es würde mir trotzdem Spaß machen.

c) würde ich sofort ablehnen und mir wünschen, sie hätten mich lieber zu einer Filmnacht eingeladen.

Wenn wir in der Schule einen 1000-Meter-Lauf machen müssten, würde ich dabei
a) so außer Atem geraten, dass ich auf keinen Fall mehr sprechen könnte.
b) so heftig aus der Puste kommen, dass ich nicht mehr singen könnte, aber reden ginge gerade noch.
c) ganz normal atmen, weil ich mich nur gerade so viel anstrenge, wie unbedingt nötig.

Wenn ich meinen Lieblingssport mache,
a) versuche ich immer, meine persönliche Bestleistung einzuhalten oder noch zu steigern.
b) dann muss ich mich zwar anstrengen, aber irgendwie macht es trotzdem Spaß.
c) äh, welche Lieblingssportart?

Wenn du hauptsächlich a) angekreuzt hast, treibst du offensichtlich jede Menge Sport und nimmst gern an Wettkämpfen teil. Regelmäßiger Sport ist gut für deinen Körper. Achte aber darauf, wie es dir dabei geht. Wenn dir irgendetwas wehtut oder dir schwindelig wird, solltest du sofort aufhören und dich hinsetzen. Es könnte sein, dass du es übertrieben hast. Aber solange dir der Sport Spaß macht, solltest du nicht damit aufhören.
Wenn du hauptsächlich b) angekreuzt hast, macht dir Sport richtig Spaß, egal, ob du alleine trainierst oder in deiner Freizeit mit Freunden oder deiner Familie. Das ist genau die richtige Einstellung! Versuche, dich

weiterhin regelmäßig sportlich zu betätigen und genieße es so wie bisher.

Wenn du hauptsächlich c) angekreuzt hast, bist du wahrscheinlich eher ein Bewegungsmuffel. Vielleicht kommst du dir total tollpatschig vor, wenn du Sport machst oder du fühlst dich zu schwerfällig und kannst dich einfach nicht aufraffen. Hat sich vielleicht jemand darüber lustig gemacht, wie du dich bewegst? Sport gehört auf jeden Fall nicht zu deinen Lieblingsbeschäftigungen, stimmt's? Wie dem auch sei, daran lässt sich etwas ändern. Keine Sorge, du musst nicht gleich zum Fußballstar werden oder deiner Mutter um den Hals fallen, wenn sie dir ein paar neue Inliner schenkt. Irgendeine Sportart, die dir gefällt, gibt es bestimmt, und vielleicht kommst du in diesem Kapitel ja »auf den Trichter«? Wenn du es hinbekommst, dich mindestens dreimal in der Woche wenigstens zwanzig Minuten schnell zu bewegen, sodass sich deine Atmung beschleunigt und deine Herzfrequenz sich erhöht, wird dir dein Körper das auf jeden Fall danken. Vielleicht entdeckst du ja sogar eine Sportart, die dir so viel Spaß macht, dass du sie öfter ausüben möchtest.

Bevor du anfängst, Sport zu treiben, solltest du darauf achten, dass du dich vorher aufwärmst und Dehnübungen machst. Beim Fahrradfahren, Inlineskaten oder Skateboardfahren solltest du einen Helm und gegebenenfalls Knieschoner tragen. Fürs Basketballspielen eignen sich Knöchelturnschuhe besonders gut, weil du damit nicht so leicht umknicken kannst. Auch wenn du alleine

trainierst, solltest du die gleiche Ausrüstung tragen wie beim Training im Verein oder in der Schule. Warum sich wehtun, wenn man es vermeiden kann?

Einen Fitness-Plan erstellen

»Was? Mein Terminkalender ist doch schon total voll-gestopft mit Aktivitäten und Schulkram! Wie soll das denn gehen, noch zusätzlich regelmäßig Sport machen?«, denkst du jetzt vielleicht.

Keine Sorge! Lies dir zuerst die folgenden Seiten durch. Vielleicht entdeckst du ja manches, was du an deinen bisherigen Aktivitäten ändern kannst, damit du mehr Zeit für Sport hast – und du noch mehr Spaß daran findest.

1. Schritt

Besorg dir als Erstes eine Anleitung für ein paar Aerobic-Übungen oder turne mithilfe eines Fitness-Videos (es gibt jede Menge davon im Internet oder als DVD). Besitzt du eine Wii? Dann könntest du dir das Wii-Fit-Game mit dem dazugehörigen Wii-Balance-Board besorgen – sozusagen als Personal Trainer. Du solltest mindestens dreimal in der Woche für jeweils zwanzig Minuten trainieren. Je länger du die Übungen machst, desto besser ist das natürlich für deinen Körper, vorausgesetzt, du bist gesund und hast keine Verletzungen. Wenn du dir nicht sicher bist, dass du das Programm auch durchhalten kannst, erzähle einem Erwachsenen davon, was du vorhast, und bitte ihn, dir beim Durchhalten zu helfen. Du kannst dir dein Vorhaben auch aufschreiben und den Zettel an einen Platz hängen, wo du öfters vorbeikommst. So wirst du es garantiert nicht vergessen.

2. Schritt

Suche dir irgendeine Sportart aus (oder mehrere, damit es dir auf Dauer nicht zu langweilig wird). Dabei solltest du auf Folgendes achten:

1. Es sollte eine *Ausdauersportart* sein, bei der sich deine Herzfrequenz erhöht und du schneller atmen musst als sonst. Wenn du das zwanzig Minuten lang durchhältst, ist das optimal. Als Faustregel gilt, dass du während des Trainings gerade noch so viel Puste hast, um dich unterhalten zu können, aber nicht mehr in der Lage sein solltest, dabei noch zu singen. Als Ausdauersport sind zum Beispiel Fahrradfahren oder Tanzen zu schneller Musik geeignet. Ein zügiger Spaziergang mit dem Hund hat denselben Effekt. Einmal ein Rad schlagen, Videospiele spielen oder vom Fernseher zum Kühlschrank laufen zählen definitiv nicht zum Ausdauersport!

2. Die Sportart muss *zu dir passen*. Wenn du auf Wettkämpfe stehst, such dir eine Ballsportart. Trainierst du lieber alleine? Dann passt Radfahren, Inlineskaten oder Schwimmen zu dir. Du fühlst dich am wohlsten, wenn du mit deinen Freunden abhängen kannst? Dann such dir eine Sportart ohne spezielle Regeln und Strukturen. Wie wär's mit Basketballspielen vor der Garage oder Badminton im Garten? Oder du lädst deine Freunde zum Inlineskaten bei euch in der Sackgasse ein? Auch wenn du eher der Sofa-Typ bist, der sich am liebsten mit einem Buch verkriecht, gibt es genug Möglichkeiten für dich, wie du Bewegung in deinen Alltag

einbauen kannst. Es muss ja nicht unbedingt gleich eine richtige Sportart sein. Deinen nächsten Bücherei-besuch könntest du zum Beispiel zu Fuß machen. Oder du spielst mit deinen kleineren Geschwistern ein paar Bewegungsspiele im Garten, um deine Mutter zu entlasten.

3. *Dein Trainingsprogramm sollte auch eurem Familien-leben angepasst sein.* Such dir als Sportart also nicht gerade dreimal wöchentlich Schlittschuhlaufen aus, wenn sich die Schlittschuhbahn am anderen Ende der Stadt befindet und deine Mutter euch jetzt schon zehn Stunden pro Woche mit dem Auto durch die Gegend kutschiert. Du verstehst schon, was ich meine ...

3. Schritt

Setz dir ein Ziel. Es muss natürlich auch erreichbar sein, am besten so, dass du dir hinterher auf die Schulter klopfen und stolz sein kannst, aber auch nicht so leicht, dass es keine Herausforderung mehr für dich darstellt. Formulier dein Ziel so klar, dass du hinterher sicher beurteilen kannst, ob du es auch erreicht hast. Wenn dein Ziel lautet, »ein bisschen länger Inliner fahren können«, wie willst du dann hinterher einschätzen, ob du es geschafft hast? Nimmst du dir allerdings vor, dreißig Minuten am Stück zu fahren, ohne zwischendurch völlig k. o. zu sein und Pausen einlegen zu müssen, weißt du am Schluss sehr wohl, ob es Grund zum Feiern gibt. Hier sind ein paar Beispiele für gute Fitnessziele:

- Drei Längsbahnen im Schwimmbad schaffen – ohne Pause natürlich.
- Ein ganzes Fußballspiel durchziehen, ohne zwischen-durch vor Erschöpfung zusammenzubrechen.

- An zehn Tagen hintereinander mit dem Fahrrad zur Schule fahren, anstatt meine Mutter zu bitten, mich zu fahren.
- Mit den Nachbarskindern zwei Stunden am Stück Hüpfspiele machen und einen neuen Rekord aufstellen.

4. Schritt

Stell dir einen persönlichen Fitnessplan zusammen. Vielleicht hast du ja auch schon einen (weil du z. B. ein paar Mal in der Woche zum Training gehst). Am Ende dieses Kapitels erfährst du, was du dabei beachten musst. Normalerweise braucht der Mensch ungefähr 30 Tage, bis er sich eine neue Gewohnheit antrainiert hat. Bis dahin kann es hilfreich sein, dir einen schriftlichen Plan zu machen, der dich jeden Tag an deine Vorsätze erinnert, wie beispielsweise: »Dienstag: Tennis! Schuhe bereitstellen!«

5. Schritt

Überleg dir, wie du dich belohnen willst, wenn du dein Ziel erreicht hast. Kauf dir von deinen Ersparnissen eine neue Tanz-CD, lies dein Lieblingsbuch zum tausendsten Mal oder gönn dir eine halbe Tafel Schokolade. Gott freut sich, wenn er sieht, dass du gut für deinen Körper sorgst. Du kannst dich also ruhig ein bisschen verwöhnen.

6. Schritt

Wenn du dein Ziel erreicht und dir dafür etwas Gutes gegönnt hast, bedeutet das nicht, dass du ab jetzt die Beine hochlegen kannst. Bleib dran! Sportliche Betätigung ist immer gut für unseren Körper. Bestenfalls wirst du eine lebenslange Gewohnheit daraus entwickeln.

Während du dir also Gedanken über dein neues Fitness-programm machst, überleg einmal, wie viel Zeit du eigentlich im Sitzen verbringst. Wie lange beschäftigst du dich mit Videospielen, sitzt du vor dem Fernseher oder Computer oder liest Bücher? Nichts von dem ist falsch, aber wenn dabei mehr als zwei Stunden pro Tag drauf-gehen, geht das von der Zeit ab, in der du dich lieber bewegen solltest. Schließlich sitzt du schon stundenlang in der Schule, ganz zu schweigen von den Auto- oder Bus-fahrten, den Mahlzeiten oder den Hausaufgaben. Wenn du die meiste Zeit nur auf deinem Hintern herumsitzt und dich nicht bewegst, bist du ein klassischer »Vielsitzer«. Das hat zur Folge, dass du nicht genügend Kalorien ver-brennst, um deinen Körper funktionstüchtig zu halten. Versuch es doch mal andersrum: Nimm dein Buch erst zur Hand, nachdem du mit dem Hund eine Runde spazieren warst. Tobe dich erst mal richtig im Garten aus, bevor du dir deine Lieblingssendung im Fernsehen ansiehst.

Genauso wichtig wie der Sport ist auch der Schlaf. Ganz egal, ob du es kaum abwarten kannst, dich wieder aufs Ohr zu hauen oder am liebsten die ganze Nacht durchmachen würdest, die folgenden Regeln sind für alle Mädchen in deinem Alter hilfreich:

▶ Achte auf ausreichend Schlaf, damit du morgens beim Aufstehen spätestens nach 15 bis 30 Minuten hellwach sein kannst (selbst wenn du ein »Morgenmuffel« bist). »Ausreichend Schlaf« bedeutet, mindestens acht Stunden pro Nacht!

- Du solltest versuchen, jeden Tag zur gleichen Zeit ins Bett zu gehen und aufzustehen – außer vielleicht an den Wochenenden und in den Ferien. (Aber selbst dann solltest du nicht allzu stark von deinen Routinezeiten abweichen.)
- Zieh dir zum Schlafen etwas Bequemes und Leichtes an. Achte darauf, dass dir nicht zu warm wird unter der Bettdecke.
- Vor dem Schlafengehen solltest du regelmäßig irgendetwas Entspannendes tun, damit du nicht länger als eine halbe Stunde wach liegst. Ein heißes Bad vielleicht? Einen kleinen, leicht verdaulichen Snack wie z. B. ein paar Nüsse oder eine Banane zu dir nehmen? Allerdings solltest du mindestens dreißig Minuten, bevor du zu Bett gehst, nichts mehr essen. Oder wie wär's mit einem Buch oder einem Abendgebet? Manche Mädchen schreiben abends noch gerne in ihr Tagebuch, um die Ereignisse des Tages innerlich zu sortieren. Andere kommen durch leise Musik zur Ruhe. Eine nicht so gute Idee wäre allerdings, wenn du beim Einschlafen den Fernseher laufen lässt.
- Du wirst besser schlafen, wenn dein Zimmer nicht gerade aussieht, als hätte eine Bombe eingeschlagen. Versuch, ein bisschen Ordnung zu schaffen, bevor du unter deine Bettdecke kriechst.
- Koffein, schwere Mahlzeiten, eine gruselige oder spannende Sendung im Fernsehen – all das solltest du mindestens drei Stunden vor dem Schlafengehen meiden. Sport solltest du tagsüber machen, nicht kurz vor dem Schlafengehen.
- Wenn du länger als eine halbe Stunde wach liegst, nachdem du ins Bett gegangen bist, oder wenn du nachts Albträume hast, sprich mit deiner Mutter oder deinem Vater darüber. Es kann sein, dass dich irgendetwas beschäftigt, was dir gar nicht wirklich bewusst ist.

Jetzt kann's losgehen!

Was hältst du von einem persönlichen Fitness-Plan, den du immer wieder zur Hand nehmen kannst? Manche Sportler, die ihren Sport sehr ernst nehmen, führen oft eine Art Tagebuch, in dem sie alles genau protokollieren. Das ist meistens ein kleines Büchlein oder Heft. Wie wär's, wenn du dir auch eines besorgst, das du dann ganz individuell gestaltest? Frag doch mal deine Freundinnen. Vielleicht kannst du sie ja auch dafür begeistern?

Das brauchst du

- ein leeres Buch oder eine kleine Mappe mit schönem Papier, das du entweder gekauft oder selbst gestaltet hast.
- deinen Lieblingsfüller oder -stift.
- Bilder von deiner Lieblingssportart, die du aus Zeitschriften oder Magazinen ausgeschnitten hast.
- Klebstoff.

Und so geht's

Lass deiner Fantasie freien Lauf, während du dein leeres Buch mit Bildern und Zitaten, die dich inspirieren, gestaltest.

Halte dir für jede Woche eine Seite frei. Notier dir oben dein Ziel, das du dir gesetzt hast, und teile dann die Seite in drei Spalten auf. Links schreibst du die Tage und Uhrzeiten auf, wann du an deinem Ziel arbeiten willst. In der Mitte notierst du, was du tatsächlich gemacht hast, wie lange, wie oft usw. Rechts kannst du dir Notizen machen, wie zum Beispiel: »Allmählich fällt's mir leichter.« Oder: »Der Trainer hat heute gesagt, dass ich mich verbessert habe.« Oder: »Ich glaub, meine Tennisschuhe sind mir zu klein.«

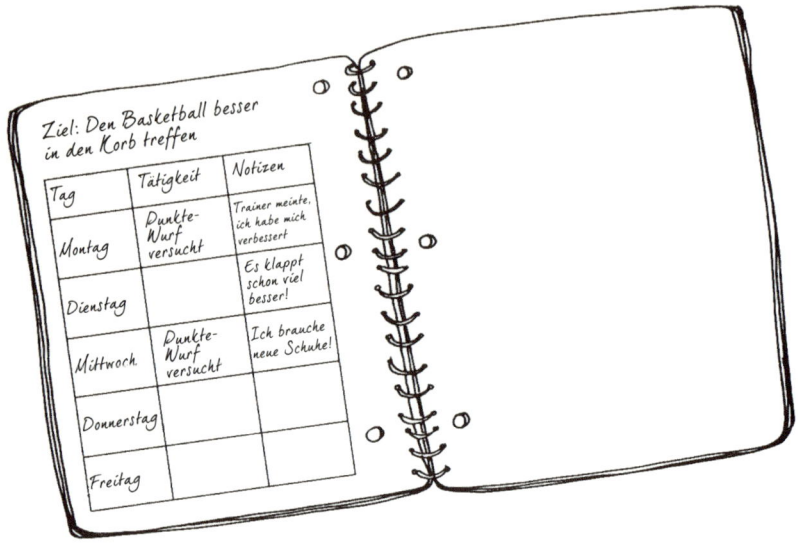

Überleg mal, womit du dich belohnen könntest, wenn du dein Ziel erreicht hast. Auf der nächsten Seite in deinem Büchlein notierst du dir alle deine Ideen. (Wenn es so weit ist, kannst du dir dann etwas davon aussuchen.) Vielleicht findest du in Zeitschriften ja ein paar passende Bilder, die du an dieser Stelle einkleben willst. Sei einfach kreativ. Du wirst sehen, das macht richtig Spaß! Und wenn du dein Ziel erreicht hast, dann setz dir ein neues und halte es wieder in deinem Büchlein fest. Wenn du merkst, dass du Fortschritte machst, wirst du gar nicht mehr damit aufhören können.

Um diese Erkenntnis wirst du reicher

Du kannst jederzeit nachprüfen und dir beweisen, dass du das, was du dir vorgenommen hast, auch umgesetzt hast.

Du wirst merken, dass du dich viel besser fühlst, wenn du dranbleibst, selbst wenn deine Leistung sich nur langsam steigert.

Meine Notizen

Diesen Sport will ich regelmäßig betreiben.
Dieses Ziel habe ich mir vorgenommen:

_____

_____

_____

Ob ich wirklich dranbleibe?

_____

_____

_____

Als die anderen in meiner Familie mitbekommen haben,
was ich vorhabe, haben sie so darauf reagiert:

_____

_____

_____

KAPITEL 5:

Rund ums Essen

Mann, hab ich einen Hunger!«, stöhnte Conny. Sie öffnete die Vorratskammer und hoffte, irgendetwas Leckeres zu finden.

»Was, du hast schon wieder Hunger?«, fragte ihr Vater erstaunt. Er kam zu ihr herüber und sah auf die Uhr. »Du hast doch gerade erst gegessen.«

»Pa-pa«, erwiderte sie unwillig. »Das war, *bevor* ich fast eine Stunde mit dem Rad unterwegs gewesen bin.«

Er zog ihr liebevoll am Pferdeschwanz. »Ach, ich hab ganz vergessen, dass du ja jetzt kein Stubenhocker mehr bist. Also, was willst du denn haben?« Er zeigte auf eine Tüte Chips. »Chips? Kekse? Oder lieber ein Nutellabrot?«

Conny griff nach der Packung Cerealien – die mit den leckeren Schokostückchen drin. Sie riss sie auf und griff mit der Hand hinein.

»Willst du dir kein Schälchen nehmen?«, fragte der Vater.

Sie schüttelte den Kopf. »Ich mag sie lieber trocken. Keine Sorge – ich werde schon nicht die ganze Packung leerfuttern.«

Der Vater griff nach der Chipstüte, legte sie vor Conny auf den Tisch und sagte schmunzelnd: »Na dann, bis in einer Stunde.«

»Wieso in einer Stunde? Was ist denn dann?«

Er grinste. »Na, spätestens dann stehst du wieder auf der Matte und hast Hunger.«

Haha, das sollte wohl ein Witz sein. Väter haben manchmal schon einen seltsamen Humor. Conny nahm sich ihren kleinen Imbiss mit ins Wohnzimmer und schaltete den Fernseher an. Kurze Zeit später – sie hatte bereits die halbe Packung Cerealien verzehrt – überkam sie eine solche Müdigkeit, dass sie sich aufs Sofa legte und sich wie eine Katze zusammenrollte. Das war ja schon seltsam! Innerlich war sie zwar irgendwie aufgekratzt, aber gleichzeitig hatte sie noch nicht einmal genügend Energie, um sich gegen ihren kleinen Bruder zu wehren, der ihr im Vorbeigehen die Packung mit den Cerealien aus der Hand gerissen hatte.

Komisch. Eigentlich hatte sie gedacht, dass ihr der Sport einen richtigen Energiekick geben würde. Im Moment fühlte sie sich allerdings so schwerfällig wie ein Elefant.

»Conny!« Die Stimme ihrer Mutter hallte aus der Küche zu ihr herüber. »Abendessen ist fertig!«

Aber alles, was Conny hervorbringen konnte, war ein leises Stöhnen.

Teste dich!

Bevor wir uns damit beschäftigen, welche Nahrungs-mittel für Conny (und für dich!) gut und welche weniger gut sind (wer will sich schon wie ein Elefant fühlen?), wollen wir erst einmal abchecken, was du in den letzten Tagen so alles gegessen hast. Auf keinen Fall sollst du dabei Schuldgefühle bekommen! Der Test soll dir einfach nur Spaß machen und dir helfen herauszufinden, wie du dich möglichst gesund er-nähren kannst.

Kreuze an, welche der hier aufgeführten Lebensmit-tel (oder ähnliche) du am häufigsten zu den einzelnen Mahlzeiten isst. Natürlich ist das nicht jeden Tag gleich, aber es gibt schon bestimmte Gewohnheiten, die jeder bei sich feststellen kann. Sei bitte ehrlich und kreuze nur das an, was du auch tatsächlich isst, und nicht das, wovon du weißt, dass du es eigentlich essen solltest.

Frühstück
1 Schokobrötchen, Nutellabrötchen, Kuchen oder Einback (Hefegebäck, Milchbrötchen etc.)
2 Cerealien mit Zucker, Marmeladentoast oder Toasties mit süßem Aufstrich
3 Obst, Joghurt oder ein Fruchtsaft/Smoothie
4 Eier, Smoothie, Milch, Müsli (z. B. mit Haferflocken und Obst)

Zwischenmahlzeit am Vormittag
1 Schokobrötchen oder Schokoriegel
2 Müsliriegel, Laugengebäck (mit oder ohne Käse) oder Obstsaft
3 frisches Obst, Joghurt oder Rosinen
4 geschnittenes Gemüse, Nüsse, Studentenfutter oder Milch

Mittagessen
1 Tiefkühlkost, Pizza oder anderes Fast Food
2 Hähnchen mit Kartoffelpüree, Spaghetti oder Makkaroni mit Käse
3 Hühnerbrustfilet, Ofenkartoffeln und Salat oder Döner
4 Hähnchen mit Gemüse oder grünem Salat, oder Grillfisch, Obstsalat

Nachmittagssnack
1 Kekse oder Chips
2 Popcorn, Salzbrezeln oder Milchshake

3 Reiswaffeln, Vollkornkekse, Nüsse oder ein Schälchen Müsli ohne Zucker
4 rohes Gemüse, frisches Obst oder zuckerfreier
   Joghurt

Abendessen
1 Pizza, Chicken Nuggets oder Burger mit Pommes
2 Weißbrot oder helles Weizenbrot mit Wurst, Käse
   oder süßem Aufstrich
3 Vollkornbrot mit Thunfisch, Hähnchen- oder
   Putenfleisch
4 Gemüsesuppe, Salat mit Thunfisch oder Hähnchen-
   brust

Snack am späteren Abend
1 Plätzchen mit Milch, Cerealien wie z. B. Cornflakes
   mit Milch und Zucker oder Pudding
2 Popcorn, Chips, Obstsaft oder Kakao
3 Reiswaffeln, Salzcracker, Käse oder einfach nur Milch
4 eine Scheibe Geflügelwurst, Kräuter- oder Früchte-
   tee oder heiße Milch

Jetzt zähle die Punkte zusammen, die du angekreuzt
hast. Es müssten zwischen 6 und 24 sein. Du hast
_____ Punkte.
Und hier ist die Auswertung:

Wenn du zwischen 6 und 9 Punkte erreicht hast,
fehlen dir ein paar wichtige Nährstoffe, die du für
ein gesundes Wachstum brauchst. Fühlst du dich oft
schlapp und bist vielleicht sogar oft krank? Das kann
man ändern! Wie, das zeigen wir dir später. Auf jeden

Fall solltest du jetzt nicht sofort zu deiner Mutter rennen und sie mit Vorwürfen bestürmen, dass sie dir nicht das Richtige zu essen gibt!

Wenn du zwischen 10 und 14 Punkte erreicht hast, nimmst du schon einige Nährstoffe zu dir, die für deine Gesundheit und für ein gutes Wachstum wichtig sind. Du würdest dich allerdings noch besser fühlen und mehr Energie haben, wenn du noch mehr nährstoffreiche Lebensmittel auf deinen Speiseplan setzen würdest. Doch das lässt sich ja noch ändern. Jetzt geh aber nicht gleich zu deiner Mutter und beschwer dich über deine Ernährung! In diesem Kapitel geht es darum, dass *du* erkennst, welche Nahrungsmittel gut für dich sind!

Wenn du zwischen 15 und 19 Punkte erreicht hast, ernährst du dich schon ziemlich gesund. Das wirst du daran merken, dass du dich ganz gut fühlst und relativ viel Energie hast. Wenn du diese Art der Ernährung beibehältst und nichts daran änderst, bist du ausreichend versorgt und wirst dich gesund und fit fühlen. Trotzdem findest du in diesem Kapitel vielleicht noch ein paar Tipps, wie du deinen Speiseplan noch abwechslungsreicher gestalten kannst.

Wenn du zwischen 20 und 24 Punkte erreicht hast, bist du fast schon ein »Profi« in Sachen Ernährung! Deine Chancen auf eine perfekte körperliche Verfassung sind außerordentlich hoch. Übrigens: Es ist auch in Ordnung, wenn man sich ab und zu mal etwas zu naschen gönnt. Wie man unbesorgt nascht ohne seinem Körper zu schaden, kannst du auf den folgenden Seiten lesen.

Info-Ecke

Wie schon erwähnt: Zu keinem anderen Zeitpunkt wächst man so stark und entwickelt sich so schnell wie in den Teenie-Jahren. Wichtig ist dann nicht nur, dass du dich regelmäßig sportlich betätigst (du bist doch hoffentlich noch dabei, oder?), sondern auch, dass du deinen Körper mit dem richtigen Kraftstoff versorgst, damit er fit bleibt. Du solltest dir also nicht wahllos alles Essbare, das dir zwischen die Finger kommt, in den Mund schieben. Schließlich macht dein Körper zurzeit enorme Veränderungen durch. Damit das gut funktioniert, muss er auch mit den richtigen Nährstoffen versorgt werden. Klingt logisch, oder?

Was meinst du? Hat Conny mit den zuckerhaltigen Cerealien nach ihrer Fahrradtour die richtige Wahl getroffen? Na ja, jedenfalls lag es bestimmt nicht am Sport, dass sie sich danach so träge und schlapp gefühlt hat. Sie hatte einfach die falsche Art von Energie getankt – damit konnte sie ihre leeren Speicher nicht wieder auffüllen. Und zudem hatte sie auch noch vergessen, viel Wasser zu trinken!

Aber was kann man denn essen, um den Körper bei Kräften zu halten?

Ernährungstipps für jeden Tag

Vor einigen Jahren hat die Deutsche Gesellschaft für Ernährung (DGE) eine Ernährungsempfehlung in Form einer Pyramide veröffentlicht, die zeigen soll, welche Nahrungsmittel für eine gesunde Ernährung geeignet und welche weniger geeignet sind. Je breiter die Schicht in der Pyramide ist, desto mehr von den dort aufgeführten Nahrungsmitteln solltest du am Tag zu dir nehmen.

Tierische Fette und Süßigkeiten

Milch und
Milchprodukte

Eier
Fleisch und Fisch

Gemüse

Obst

Getreideprodukte (z. B. Brot, Teigwaren),
Kartoffeln, Hülsenfrüchte

Achte darauf, dass du nicht nur Getreideprodukte zu dir nimmst, die
aus weißem Mehl zubereitet sind,
sondern auch Vollkornprodukte.

Mindestens 2-mal täglich
kalziumreiche Nahrungsmittel.

Mindestens 2–3-mal täglich
verschiedene Gemüsesorten.

Mindestens 2-mal täglich Obst.

Achte darauf, welche Fette du zu
dir nimmst (pflanzliche Fette sind
besser als tierische).

Fleisch enthält Proteine.
Nimm am besten mageres
Fleisch.

103

Noch ein paar Tipps zur Pyramide

Getreideprodukte	Mindestens die Hälfte der Getreideprodukte, die du zu dir nimmst, sollte aus dem vollem Korn bestehen.	3 Portionen pro Tag. Eine Portion ist ungefähr: 1 Scheibe Brot, 1 Tasse Müsli/ Cerealien (trocken), 80 Gramm Reis oder Nudeln (ungekocht abgemessen).
Gemüse	Such dir verschiedene Sorten aus. Es gibt so viel buntes Gemüse, das auf dem Teller nicht nur gut aussieht, sondern auch gut schmeckt.	3 Portionen pro Tag. 1 Portion ist ungefähr so viel wie eine Handvoll. Wähle zwischen grünen, roten und gelben Gemüsesorten, zwischen stärkehaltigen wie Bohnen, Linsen, Erbsen und nicht so stärkehaltigen wie Paprika, Gurken, Tomaten, Kohl usw.
Obst	Frisches Obst ist besser als Fruchtsäfte.	2 Portionen pro Tag, zum Beispiel 1 Apfel und 1 Handvoll Trauben.
Milch und Milchprodukte	Achte darauf, dass du hauptsächlich fettarme Produkte zu dir nimmst.	2–3 Portionen pro Tag. 1 Portion ist ungefähr 1 Becher Joghurt, 2 Scheiben Käse oder 1 Tasse Milch.

Fleisch und Fisch und/oder andere eiweißreiche Nahrungsmittel	Abwechselnd mageres Fleisch, Fisch, Geflügel und Nüsse.	Pro Woche 3–4 Portionen Fleisch, 1–2 Portionen Fisch und 2–3 Eier sowie eine Handvoll Nüsse pro Tag.
Körperliche Aktivitäten	Versuche, jeden Tag etwas mehr Bewegung in deinen Alltag einzubauen, egal, ob du zu Hause oder in der Schule bist.	Pro Tag solltest du mindestens 60 Minuten in Bewegung sein.

Diese Nahrungsangaben sind auf Mädchen im Alter von zehn Jahren abgestimmt, die täglich ca. 30 bis 60 Minuten Sport machen oder sich kräftig bewegen. »Äh, und wo stehen in der Pyramide Sachen wie Limo, Schokoriegel und so?«, fragst du dich jetzt vielleicht.

Nun, die gehören ganz oben in die Spitze, nämlich in die Kategorie »Fettes und Süßes«. Du solltest sie nur ganz selten auf deinen Speiseplan setzen. Hier sind noch ein paar hilfreiche Tipps:

Du solltest nicht mehr als 60 Gramm Fett am Tag zu dir nehmen. Eine Currywurst mit Pommes von der Imbissbude enthält beispielsweise schon 64 Gramm Fett. Wenn du vor dem Essen mal einen Blick auf die Angaben auf der Verpackung wirfst, wirst du feststellen, wie schnell die 60 Gramm zusammenkommen.

Die Menge an Zucker, die du am Tag zu dir nimmst, sollte 10 Teelöffel oder 16 Stück Würfelzucker nicht übersteigen.

Das hört sich zunächst vielleicht viel an, diese Menge kommt aber ganz leicht zusammen. Nimm dir mal ein Glas Wasser und löse 20 Stück Würfelzucker darin auf (mit Erlaubnis deiner Mutter natürlich). Würdest du das trinken? Igitt! Aber so viel Zucker ist in einem halben Liter Fanta enthalten! Eine 100-Gramm-Tafel Vollmilchschokolade enthält 18 Stück Würfelzucker. Und mit einer Portion McFlurry m&ms von McDonald's hättest du deine Tagesration an Zucker schon verspeist, sie enthält nämlich so viel wie ca. 15 Stück Würfelzucker! Lies die Nährwertangaben auf den Etiketten, wenn du Fertiggerichte essen willst. Alles, was mehr als 4 Gramm Zucker enthält, solltest du meiden (5 Gramm Zucker entspricht etwa einem Teelöffel).

*Ab jetzt solltest du auf eine gute Ernährung achten. Vergiss aber auch nicht, viel Mineralwasser zu trinken. Daraus besteht nämlich unser Körper zu neunzig Prozent, deshalb braucht er so viel davon. Ungefähr acht Gläser am Tag wären optimal. Limos, Säfte und Milch zählen allerdings nicht dazu; es sollte ganz normales Wasser sein. Viele Mädchen behaupten, kein Wasser zu mögen. Aber das liegt wahrscheinlich daran, dass sie es gewöhnt sind, ihren Durst mit anderen Getränken zu löschen, die ehrlich gesagt auch besser schmecken. Wenn du dich aber erst einmal an das Wasser gewöhnt hast, wirst du es bestimmt bald auch mögen. Nichts kann besser den Durst löschen, und es bringt außerdem deinen Stoffwechsel auf Trab.
Wenn du also das nächste Mal Hunger bekommst und es noch nicht Zeit zum Essen ist, trink erst mal ein Glas Wasser und sieh, ob es hilft. Manchmal, wenn du glaubst,*

Hunger zu haben, will dein Körper dir in Wirklichkeit nur sagen, dass er etwas zu trinken braucht!

Wann esse ich was?

In bestimmten Situationen eignen sich bestimmte Nahrungsmittel am besten, um den gewünschten Effekt zu erreichen, zum Beispiel mehr Energie zu bekommen oder besser schlafen zu können. Versuch es mal:

Du brauchst Energie für den ganzen Tag:
- Beginne morgens mit einem gesunden Frühstück aus Vollkornprodukten, Müsli, Joghurt mit Obst usw.
- Vormittags und nachmittags solltest du eine kleine, gesunde Zwischenmahlzeit zu dir nehmen. Drei Mahlzeiten am Tag reichen nicht aus, um dich den ganzen Tag fit zu halten. Alle paar Stunden braucht dein Körper neue Energie durch gesunde Nahrungsmittel.

Du schreibst eine Klassenarbeit oder hast einen langen Prüfungstag vor dir:
- Du solltest besonders darauf achten, ein gesundes Frühstück zu dir zu nehmen.
- Vermeide zuckerhaltige Snacks. Sobald der erste Energiekick vorbei ist, machen sie nämlich müde und schläfrig.

Du hast einen sportlich anstrengenden Tag vor dir (z. B. ein Fußballspiel, ein mehrstündiges Trainingsprogramm oder eine lange Wanderung mit der Familie oder mit Freunden):

- Sogenannte komplexe Kohlenhydrate zum Frühstück sind hier optimal. Dazu gehört zum Beispiel ein Müsli mit frischen Früchten, ein Obstsalat, zwei Gläser Obst- oder Gemüsesaft oder ein Vollkornbrot mit rohem Gemüse. Diese verbrennt der Körper dann, während du aktiv bist, und du wirst gleichmäßig mit Energie versorgt.
- Ein süßer Snack zwischendurch gibt dir zwar einen kurzen Energiekick, aber wenn die Wirkung nachlässt, wirst du einen richtigen Durchhänger bekommen.

Du willst abends schneller einschlafen und nachts besser durchschlafen:
- Zwei Stunden, bevor du ins Bett gehst, solltest du keine zucker- oder fetthaltigen Nahrungsmittel mehr zu dir nehmen.
- Sechs Stunden vor dem Schlafengehen solltest du keine koffeinhaltigen Getränke trinken, also ab dem Spätnachmittag z. B. keine Cola oder keinen schwarzen Tee mehr.
- Falls du Schwierigkeiten beim Einschlafen hast, solltest du etwa eine halbe bis eine Stunde vor dem Schlafengehen eine Banane, etwas Käse oder eine Tasse Milch zu dir nehmen. Sie enthalten Tryptophan, was – auf leeren Magen eingenommen – eine schlaffördernde Wirkung hat.
- Milch vor dem Schlafengehen ist besonders gut, wenn du sie warm oder heiß trinkst.
- Je später du zu Abend isst, desto leichter sollte die Mahlzeit sein. Wenn du also zu später Stunde noch etwas essen willst, iss lieber Gemüse, Vollkornbrot und mageres Fleisch wie Pute oder Huhn anstatt eines Steaks mit Folienkartoffel und Sahnequark oder einer Riesenportion Spaghetti.

Nahrungsmittel, die du (möglichst) vermeiden solltest:
»Jeder esse, was er kann, nur nicht seinen Nebenmann.«
  Nein, im Ernst, es gibt tatsächlich einige Nahrungsmittel, die deinem Körper nicht nur nichts nützen, sondern
ihm manchmal sogar schaden können. In den meisten
Fällen kannst du sie jedoch durch Lebensmittel ersetzen,
die gesünder sind. Lebensmittel, die zwar viel Energie
(also Kalorien), aber nur wenig wichtige Nährstoffe liefern,
bezeichnet man übrigens als »leere Kalorien«.

Diese Lebensmittel sind ungesund:	Damit kannst du sie ersetzen:
süße Getränke wie Limonaden oder auch Energy Drinks	Milch Obstsaft (1 kleines Glas voll) Wasser
Süßstoffe	ein bisschen Honig etwas brauner Zucker Zimt
alle Lebensmittel, bei denen auf dem Etikett als erste Zutat »Zucker« steht	Obst Rosinen Fruchtaufstrich aufs Brot
Kekse und Chips, die gehärtetes Fett enthalten.	Brezeln Vollkornkekse ballaststoffreiche Kekse Reiswaffeln
Margarine	hochwertige Butter
zuckerhaltige Cornflakes-Mischungen oder Cerealien	Cerealien aus Vollkorn oder Reis
Kekse aus dem Supermarkt	selbstgemachte Kekse aus Vollkornmehl, braunem Zucker und anderen gesunden Zutaten

Und wie sieht's aus mit Fastfood?

Nach einem Sieg mit deiner Mannschaft gehst du mit deinem Team gern zu McDonald's? Oder du liebst es, am Samstagmorgen mit deinem Vater bei Burger King zu frühstücken und anschließend einen Abstecher bei Toys«R«Us zu machen? Das ist okay! Genieße es! Wenn möglich, sollte das aber nicht jeden Tag oder jede Woche vorkommen. Die Gründe dafür sind folgende:

▸ Die Lebensmittel, die du dort bekommst, sind industriell verarbeitet, das heißt, sie enthalten jede Menge Zusatz- und Aromastoffe, die für Herz, Leber und den Magen schädlich sind.

▸ Diese Lebensmittel enthalten außerdem sehr viel Fett, das nicht nur schwer verdaulich ist, sondern deinem Körper mehr Kalorien liefert, als er verbrauchen kann. Das trifft natürlich am meisten auf alles Frittierte zu.

▸ Die Brötchen bestehen normalerweise nicht aus Vollkornmehl. Sie enthalten viel Zucker und wenig Ballaststoffe, die dein Körper aber zur Verdauung braucht.

▸ Die Portionen sind viel zu groß. Ein Burger allein hat zum Beispiel schon zwischen 300 und 700 Kalorien. Du brauchst am Tag insgesamt aber nur 1800 Kalorien!

▸ Zu vielen »Meals«, die man dort bestellen kann, gehört auch ein Softdrink, der sehr viel Zucker enthält. Außerdem ist er säurehaltig, was deinem Bauch, deinen Zähne und deinen Knochen nicht besonders guttut.

Wenn du doch einmal mit deinen Freunden in ein Fast-food-Restaurant gehen willst, weil ihr einen besonderen Anlass dafür habt, dann such dir eine der folgenden Mahlzeiten aus. Sie haben weniger Kalorien, enthalten weniger Salz, Chemikalien und ungesundes Fett:

> Bei KFC: Original Recipe Hähnchenteile ohne Haut und nicht paniert.
> Bei Burger King: Chicken Whopper (ohne Mayo) oder Country Burger.
> Bei McDonald's: Hamburger.
> Bei Subway: Veggie Delite unter 6 g Fett.
> Bei Pizza Hut: Fresh & Chicken Salad.

Am besten lässt du alles Frittierte weg und suchst dir irgendetwas mit Obst aus, was die meisten Fast-Food-Restaurants ja jetzt auch anbieten. Anstatt der Softdrinks nimm lieber Milch oder Orangensaft. Damit kannst du nichts falsch machen.

Info-Ecke

Na, bist du jetzt begeistert? Oder eher gefrustet? Oder hast du gerade gedacht: »Äh, ist ja alles schön und gut. Aber *ich* bin doch nicht fürs Einkaufen verantwortlich. *Ich* entscheide doch nicht, was auf den Tisch kommt.«

In vielen Familien bleibt nur sehr wenig Zeit für gemeinsame Mahlzeiten. Sport, Nachhilfestunden, Musikunterricht, Gemeindeaktivitäten etc. nehmen so viel Raum ein, dass die Zeit zum Kochen einfach nicht reicht. Wenn der Hunger kommt, fährt man schnell zum Drive-in-Schalter oder es kommen Fertigprodukte auf den Tisch.

Viele junge Leute in deinem Alter dürfen bei Familienentscheidungen schon mitbestimmen. Normalerweise geht es dabei hauptsächlich um Game Boys, iPods und Handys. Warum nicht auch mal den Versuch wagen, sich gesünderes Essen zu wünschen? (Aber denk dran: Versuche nicht, deine Eltern eines Besseren zu belehren und ihnen vorzuhalten, dass sie dir bis jetzt ja nur ungesundes Zeug vorgesetzt haben! Das würde ihnen vermutlich gar nicht gefallen!) Vielleicht sagt dir ja einer der folgenden Vorschläge zu, wie du von deinem Mitbestimmungsrecht Gebrauch machen kannst:

▸ Biete deiner Mutter (oder wer auch immer bei euch für die Einkäufe zuständig ist) an, mit ihr einkaufen zu gehen. Such dir diesmal nicht die süßen Schokoflakes aus, sondern irgendein Vollkornprodukt, das nicht mehr als 4 Gramm Zucker pro Portion enthält (die Mengenangaben findest du auf dem Etikett bzw. auf der Packung). Überrede deine Mutter, dass sie anstatt der Kekse lieber Weintrauben, statt Weißbrot Vollkornbrot und statt Chips lieber Salzbrezeln kauft. Vielleicht erntest du zunächst nur ein paar erstaunte Blicke von ihr. Wenn sie aber erst einmal gemerkt hat, dass dir wirklich etwas an einer gesunden Ernährung liegt, wird sie richtig stolz auf dich sein.

▸ Frag deine Mutter, ob du ihr helfen kannst, die Mahlzeiten für die kommende Woche zusammenzustellen. Du könntest eine Art Speisekarte per Hand oder mit dem Computer gestalten, die du dann an den Kühlschrank oder die Pinnwand hängst. Frag die anderen Familienmitglieder, was sie sich zum Mittag- oder Abendessen wünschen und lies ihnen ein paar Vorschläge aus diesem Buch vor, wie eine gesunde Mahlzeit aussehen kann.

- Hilf deiner Mutter öfters mal in der Küche beim Kochen. Falls sie keine Zeit hat, die Zutaten für den Salat zu schneiden, könntest du das übernehmen. Falls sie es am Nachmittag vor dem Fußballspiel vor lauter Hektik nicht mehr schafft, ein paar Smoothies zuzubereiten, nimm du das in die Hand.

- Bereite dir deinen Pausensnack selbst vor, anstatt dir in der Schule am Kiosk etwas zu holen. Packe lieber Weintrauben und Möhren als Chips und Kekse in deine Schultasche. Mach dir ein so leckeres Sandwich, dass den anderen in deiner Klasse das Wasser im Mund zusammen läuft, wenn sie es sehen! Gönn dir gelegentlich – vielleicht jeden Freitag – auch mal was Süßes, wie beispielsweise selbstgebackene Kekse.

- Wenn ihr mal zum Essen ausgehen wollt und deine Eltern dich fragen, wo du gerne hin möchtest, such dir am besten keine Pizzeria aus. Falls doch, bestell dir lieber einen Salat anstatt einer fettigen Pizza mit viel Käse.

- Wenn du dich mit deinen Freunden zum Chillen triffst, trink am besten keine Softdrinks, sondern lieber einen Saft oder Wasser. Iss nicht gleich die halbe Tüte Chips leer, sondern futtere nur eine Handvoll. Besser noch, du steckst dir vorher Reiswaffeln oder ein kleines Tütchen Studentenfutter in den Rucksack.

- Falls die anderen blöde Bemerkungen machen, weil du plötzlich so sehr auf eine gesunde Ernährung achtest, verdreh einfach die Augen und ignorier sie (außer wenn es deine Eltern sind; mit denen musst du nämlich noch eine Weile auskommen!). Lass dir von anderen, die sowieso keine Ahnung haben, nicht vorschreiben, was du essen sollst. Du weißt, was gesund ist, und darüber entscheidest nur du. Schenk ihnen einfach ein Lächeln und beiß dann genussvoll in deinen Apfel. Beim nächsten Volleyballspiel oder der nächsten Pyjamaparty kickst du sie dann alle aus dem Rennen, weil du so viel Power hast. Sie werden sehen, dass es sich lohnt, auf seinen Körper zu achten.

Frag doch mal Gott!

Man braucht kein Genie zu sein, um sich auszurechnen, dass Gott hinter der ganzen Sache mit der gesunden Ernährung steht. In der Bibel gibt es eine Menge Verse übers Essen! Hier sind ein paar Beispiele:

Und Gott sprach: »Seht her! Ich habe euch die Samen tragenden Pflanzen auf der ganzen Erde und die Samen tragenden Früchte der Bäume als Nahrung gegeben.«

1. Mose 1,29

Hört sich ganz nach Obst, Gemüse und Getreide an, oder? Da steht jedenfalls nichts von Schokotorten und süßem Gebäck ...

Übrigens: Zucker wird meist aus der Zuckerrohrpflanze hergestellt, auf der man im Rohzustand unbeschadet nach Herzenslust herumkauen kann. Durch die so-genannte »Raffination« (ein spezielles technisches

Verfahren der Reinigung und Veredelung) kann der Zucker jedoch von unserem Körper nicht gut verwertet werden. Genauso ist das beim Weißmehl. Obst, Gemüse und Getreide sollten also möglichst wenig industriell verarbeitet werden, bevor wir sie essen.

Von allen Landtieren dürft ihr diejenigen essen, ...
3. Mose 11,2

In den folgenden 46 Versen des 11. Kapitels beschreibt Gott nun, welche Tiere wir essen können und wie wir sie zubereiten sollen. Es scheint ihm also ziemlich wichtig zu sein, welches Fleisch wir verzehren! Es geht nicht unbedingt darum, dass wir all diese Anweisungen genau befolgen (obwohl es uns wahrscheinlich nicht schwerfällt, auf das Fleisch von Kamelen, Hasen oder Geiern zu verzichten). Wir sollen vielmehr darauf achtgeben, dass das Fleisch möglichst natürlich zubereitet und gut durchgebraten oder gekocht wird. Auf jeden Fall stand auf Gottes Speiseplan für uns Menschen ganz sicher kein Burger, der irgendwelche ekligen Zusatzstoffe enthält, die unserem Körper nicht guttun.

Wenn du mit einem Herrscher zusammen speist, dann achte darauf, was dir vorgelegt wird. Wenn du hungrig bist, setz dir ein Messer an die Kehle und nimm dir nicht gierig von allen Köstlichkeiten, denn es könnte ein Anschlag dahinter stecken.
Sprüche 23,1–3

Bevor du jetzt gleich ausflippst, weil da steht, dass du dir ein Messer an den Hals setzen sollst, beruhige dich: Das ist nicht wörtlich gemeint! Bei näherer Betrachtung kann man aus diesen Versen mehrere hilfreiche Tipps ableiten:

- Lass dich nicht täuschen: Süßes, klebriges, sahniges Naschwerk macht weder glücklich noch hilft es, dich bei anderen beliebt zu machen.
- Wenn du dich selbst dabei ertappst, dass du dich mit allem möglichen Junkfood vollstopfst, sobald du Stress hast, wütend oder unglücklich bist, hör auf damit! Gewöhn dir das ab und tu dir stattdessen was Gutes: Sprich mit jemandem über das, was dich ärgert oder stresst, mach ein bisschen Sport, um den Kopf freizubekommen oder schreib Gott in deinem Tagebuch einen Brief und erzähl ihm von deinen Schwierigkeiten.
- Falls du ein Problem mit Übergewicht hast oder damit, beim Essen das richtige Maß zu finden, sodass dir irgendwann sportliche Aktivitäten schwerfallen und du nicht mehr in deine Lieblingsklamotten passt, sprich mit einem Erwachsenen darüber. Es geht nicht um dein Aussehen (oder darum, mit den »Stars« in deiner Klasse mithalten zu können), sondern darum, dass du dich in deinem Körper wohlfühlst.

Wenn ihr dann gegessen habt und satt seid, sollt ihr den Herrn, euren Gott, für das gute Land, das er euch gegeben hat, loben.

5. Mose 8,10

Gott erinnert uns hier einerseits daran, dass wir uns all die guten Dinge in unserem Leben nicht als unseren eigenen Verdienst anrechnen sollen. Andererseits fordert er uns auf, dankbar zu sein für die vielen Nahrungsmittel, die wir haben. Wir dürfen sie essen, um uns zu sättigen. Das bedeutet natürlich auch, dass du nicht hungern sollst, nur weil du Angst hast, dick zu werden, sobald du nach etwas Essbarem greifst. Lass bloß nicht dein Frühstück oder dein Mittagessen ausfallen, weil du unbedingt so mager aussehen willst wie die Models in den Zeitschriften! Fang nicht irgendeine Diät an, wenn dir dein Arzt aus gesundheitlichen Gründen nicht dazu rät. Und selbst wenn das der Fall ist: Ernähr dich gesund und mach Sport, anstatt zu hungern.

Auch in deinem Alter gibt es Mädchen, die bereits an einer Essstörung leiden. Manche haben Magersucht, auch *Anorexia* genannt. Sie essen so lange nichts, bis ihr Körper davon krank wird. Andere haben *Bulimie*, das heißt, sie essen, so viel sie können und stecken sich dann hinterher den Finger in den Hals, um das Gegessene wieder zu erbrechen. Falls auch du Probleme damit hast, geh so bald wie möglich zu einem Erwachsenen, dem du vertraust und sprich mit ihm darüber. Eine Essstörung ist eine Krankheit, die dich dein Leben lang verfolgen kann, wenn sie nicht schnellstmöglich behandelt wird. Du bist ein Mädchen, das sich langsam zu einer Frau entwickelt. Deshalb ist es wichtig, dass du dich satt isst!

Jetzt kann's losgehen!

Jetzt wird es Zeit, dass du ein paar Dinge ausprobierst, von denen du in diesem Kapitel gelesen hast. Vielleicht bist du jetzt so begeistert, dass du direkt alles in die Tat umsetzen willst. (Das kannst du dann im nächsten Abschnitt »Mein persönlicher Ernährungsplan« festhalten.) Wenn du nur wenig Zeit hast oder die Sache langsamer angehen willst, such dir einfach einen Teil, der dir Spaß machen könnte, aus dem nächsten Abschnitt aus, und versuch es erst einmal damit. Die Hauptsache ist, dass du es gern tust! Überleg dann – nach ungefähr zwei Wochen –, welche Fortschritte du gemacht hast und wie es dir dabei ergangen ist. Das kannst du dann unter dem Abschnitt »Meine Notizen« auf Seite 121 schriftlich festhalten.

Mein persönlicher Ernährungsplan

1. Schritt: Nimm dir ein Blatt Papier zur Hand und notiere darauf, was du in der kommenden Woche essen und welchen Sport du treiben willst. Benutz dazu auch die Ernährungspyramide. Überleg dir, was du normalerweise alles isst und wie du deine Ernährungsgewohnheiten verbessern kannst. Dein Blatt könnte beispielsweise so aussehen:

Mahlzeiten	Tag 1	Tag 2	Tag 3	Tag 4
Frühstück				
Zwischenmahlzeit				
Mittagessen				
Zwischenmahlzeit				
Abendessen				
kleiner Snack vor dem Schlafengehen				
Sport				

2. Schritt: Frag den Koch oder die Köchin in eurer Familie (deine Mutter oder deinen Vater), ob du bei den Planungen der Mahlzeiten für die kommende Woche behilflich sein kannst. Wenn du willst, benutze dieses Buch als Anregung und behalte dabei die Pyramide im Auge.

3. Schritt: Hilf bei den Einkäufen. Du kannst deine Mutter (oder deinen Vater) beim Einkaufen begleiten und gesunde Nahrungsmittel vorschlagen. Falls sie mit deinen Einkaufsvorschlägen für die Familie nicht einverstanden sind, bitte darum, dass du dann wenigstens ein paar dieser Lebensmittel für dich selbst kaufen darfst, weil du dich gesund ernähren willst.

4. Schritt: Biete deine Hilfe in der Küche an. Du könntest Gemüse und Obst schneiden und lernen, wie man Gemüse schonend gart und Salate macht. Wenn man sich gesund ernähren will, ist das automatisch mit etwas mehr Arbeit verbunden. Deshalb solltest du auch bereit sein, ein paar Aufgaben zu übernehmen.

5. Schritt: Es macht eine Menge Spaß, den Tisch schön zu decken und das Essen nett anzurichten, bevor alle an den Tisch kommen. Das Auge isst bekanntlich mit. Zum Beispiel könntest du den Teller mit etwas Petersilie oder kleinen Tomaten dekorieren, die Milch in ein paar hübsche Gläser gießen oder ein paar Servietten falten und jedem auf den Platz legen. Sei einfach kreativ. Du wirst sehen, deine Familie wird begeistert sein!

Um diese Erkenntnis wirst du reicher

- Du bist nun bereit, dich gut um deinen Körper zu kümmern, denn er ist schließlich der »Tempel«, in dem Gott wohnt.
- Du zeigst Verantwortung und gehst »erwachsen« mit deinem Körper um.

Meine Notizen

Jetzt habe ich es geschafft, zwei Wochen lang meinen persönlichen Ernährungsplan umzusetzen. Ich fühle ich mich:

körperlich:

_____

_____

_____

geistig:

_____

_____

_____

seelisch:

_____

_____

_____

Es hat mir (keinen) Spaß gemacht, weil

_____

_____

_____

KAPITEL 6:

Wenn es bis zum Himmel stinkt

onny stinkt!«

Conny rümpfte die Nase, als sie ihren kleinen Bruder Sam ansah. »Von dir kann man auch nicht gerade behaupten, dass du gut riechst.«

Ihr anderer kleiner Bruder, Will, nahm einen tiefen Atemzug und meldete sich dann zu Wort: »Sam riecht einfach nur nach den Chips, die wir gerade gegessen haben. Aber du müffelst richtig.«

»Mama, die ärgern mich!«, beschwerte sich Conny.

»Jungs, lasst eure Schwester in Ruhe«, rief die Mutter aus der Küche. »Geht woandershin, wenn ihr euch beleidigen wollt.«

Die beiden hielten sich die Nase zu, als sie an Conny vorbei zur Tür hinausgingen.

»Stinke ich wirklich?«, fragte Conny unsicher, nachdem sie außer Hörweite waren.

»Na ja, du hast schon mal besser gerochen«, gab die Mutter zu. »Aber wie sollte es anders sein, wenn du von einem zweistündigen Fußballtraining nach Hause kommst und noch nicht geduscht hast?« Sie griff in ihre Einkaufstasche und warf Conny etwas zu. »Hier, ich hab dir etwas mitgebracht.«

»Was ist das?«, fragte Conny neugierig, während sie das kleine, blaue Fläschchen auffing. »Ein Deo?«

»Das gehört jetzt dir.«

»Du findest also auch, dass ich stinke!«, beschwerte sich Conny.

»Das ist ganz normal, wenn man älter wird, mein Schatz. Aber mit ein bisschen Körperpflege kann man das leicht aus der Welt schaffen. Ach, und noch was.« Die Mutter warf einen bittenden Blick auf Connys Füße. »Zieh deine Turnschuhe bitte vorne im Eingangsbereich aus und lass sie dort stehen, ja?«

»Warum?«, fragte Conny verwundert. Doch dann fiel der Groschen. »Oh, schon klar – meine Füße stinken auch.«

Puh! Die Sache mit dem Wachsen stank ja wirklich bis zum Himmel!

Info-Ecke

Kannst du dich noch an die Sache mit den Hormonen erinnern, über die wir im ersten Kapitel gesprochen haben – die kleinen Dinger im Körper, die für den ganzen Pubertätskram verantwortlich sind? Sie haben nicht nur Einfluss auf dein Aussehen und deine Körperfunktionen, sondern sie verändern auch deinen Körpergeruch. Toll, was? Genauer gesagt sind vom Geruch deines Körpers drei Bereiche deines Körpers betroffen:

Allgemein: der Geruch, der vom gesamten Körper aus-
geht, ist das, was Connys kleine Brüder als »müffeln«
bezeichnet haben.
Achselhöhlen: der Geruch unter deinen Armen ist der
Ort, wo am schnellsten unangenehme Gerüche
entstehen.
Füße: Manche bekommen sogenannte »Käsefüße«.

Vielleicht denkst du jetzt: Oh Mann – BHs, die Periode, Haare an allen möglichen und unmöglichen Stellen und jetzt auch noch das? Muss das sein?

Na ja, es ist eben so, dass dieselben Hormone, die für die ganzen Veränderungen in deinem Körper verantwortlich sind, auch noch Einfluss auf die Schweißmenge haben, die von den Schweißdrüsen produziert wird. Dein Körper ist mit Millionen dieser kleinen Drüsen ausgestattet, und wenn dir heiß ist, du dich bewegst oder wenn du im Stress bist, sondern sie jede Menge dieses Zeugs ab. Eigentlich ist das eine gute Sache, denn wenn der Schweiß auf deiner Haut verdunstet, kühlt er nicht nur die Haut dadurch ab, sondern er entsorgt auch einen kleinen Teil der Giftstoffe in deinem Körper.

Ob gut oder nicht gut, die ganze Sache kann dich jedenfalls in peinliche Situationen bringen. Während der Pubertät werden unter deinen Armen und im Scham-bereich erstmals sogenannte Duftdrüsen gebildet (wo-für mal wieder die Hormone verantwortlich sind). Der eigentliche Schweiß ist im Grunde geruchlos. Erst wenn bestimmte Bakterien auf unserer Haut den abgesonderten Schweiß abbauen, fängt er an zu stinken. Diese kleinen Viecher befinden sich vor allem dort, wo in der Pubertät auch Haare wachsen, nämlich unter den Achseln und im Schambereich. Dort ist es warm und dunkel, ein perfekter Ort für die winzigen Bakterien, um sich zu vermehren.

Was kannst du also dagegen tun? Im Prinzip ist das das geringste Problem, mit dem du dich in der Pubertät herumschlagen musst, denn du kannst es ganz einfach aus der Welt schaffen:

▸ Wenn du unter unangenehmen Körpergerüchen leidest, ist das kein Grund zum Verzweifeln. Falls du eine Freundin hast, die dir aus dem Weg geht, nur weil du zwischen deinen Reitstunden und dem anschlie-ßenden Duschen nach Schweiß stinkst, soll sie sich erst mal an der eigenen Nase packen! *Jeder* Mensch sondert Schweiß ab!

- Gewöhn dir an, dich jeden Tag zu duschen oder ein Bad zu nehmen (im Winter vielleicht nur jeden zweiten Tag), um die Bakterien auf deiner Haut zu entfernen. Wasch dich besonders gründlich an den Stellen, wo sie sich bevorzugt aufhalten. Falls du dich morgens duschst und während des Tages wieder zu müffeln anfängst, wasch dich einfach zwischendurch unter den Armen, bevor du wieder unter Leute gehst.
- Zieh dir regelmäßig frische Kleidung an. Die Bakterien setzen sich auch in Kleidungsstücken fest, die länger nicht gewaschen wurden.
- Wenn du das Gefühl hast, sehr leicht zu schwitzen, trag Kleidung, in der deine Haut »atmen« kann, zum Beispiel T-Shirts aus hundert Prozent Baumwolle. Baumwolle absorbiert die Feuchtigkeit von deinem Körper und ist luftdurchlässig, sodass deine Haut sich trockener anfühlt.
- Falls du unter den Armen riechst, kannst du nach dem Waschen ein Deo verwenden. Es tötet die Bakterien ab, die für den Geruch verantwortlich sind und sorgt gleichzeitig dafür, dass du einen angenehmen Geruch verbreitest. Es gibt auch sogenannte Antitranspirant-Deos, die du im Drogeriemarkt oder in Apotheken bekommst. Sie reduzieren die Schweißmenge, die du produzierst. Da die darin enthaltenen Aluminium-salze aber nicht von jedem vertragen werden, solltest du darauf achten, dass du dir ein aluminiumfreies Antitranspirant besorgst. Richte dich genau nach den Anweisungen auf der Packungsbeilage. Natürlich solltest du dich vor dem Auftragen eines Deos immer erst gründlich waschen.
- Wenn dir im Genitalbereich ein unangenehmer Geruch auffällt, solltest du *auf keinen Fall Intimpflege-produkte verwenden*. Sie enthalten zu viele Parfüm-stoffe, die die Schleimhäute unnötig reizen und dich

dadurch in diesem Bereich anfälliger für Infektionen machen. Wenn du dich jeden Tag wäschst und die Unterwäsche wechselst, sollten deine Geruchsprobleme verschwinden. Falls nicht, kann es sein, dass du eine Infektion hast. Sprich in diesem Fall mit deiner Mutter darüber.

Falls du unter deinen Armen eine dunkle Verfärbung bemerkst (die nicht von den Haaren, sondern von der Haut kommt), könnte das am falschen Deo oder am Rasieren liegen. Kauf dir eine Lotion, die Milchsäure enthält (z. B. Eucerin), und reibe dich ungefähr sechs Wochen lang damit ein. Wenn das nicht hilft, ist es wahrscheinlich ein genetisches Problem (d. h. eine Pigmentstörung, die bei euch in der Familie liegt). Manchmal ist auch ein zu hoher Insulingehalt im Blut dafür verantwortlich (dann sind oft auch der Hals- und Gesichtsbereich, die Ellbogen oder die Unterschenkel verfärbt). Dein Arzt kann dir eine Bleichcreme verschreiben, die die Haut heller macht. Außerdem wird er in diesem Fall deinen Insulinspiegel testen. Lass das auf jeden Fall abklären. Es gibt aber überhaupt keinen Grund, sich dafür zu schämen.

Käsefüße verbreiten einen ekligen Geruch, besonders wenn du den ganzen Tag lang mit Socken in Turnschuhen herumgelaufen bist. Wenn du nach dem Ausziehen deiner Schuhe einen Würgereiz bekommst, sind hier ein paar einfache Mittel, wie du Abhilfe schaffen kannst:

- Wasch dir die Füße, bevor du dir Socken und Schuhe anziehst.
- Nimm Babypuder oder ein spezielles Fußdeo und reib damit deine Socken und Schuhe ein.
- Trag jeden Tag frische Socken aus Baumwolle oder Wolle. Das sind Naturfasern, die den Schweiß absorbieren, der ansonsten zu einem unangenehmen »Aroma« führen würde.
- Trag möglichst oft Schuhe aus Naturmaterialien wie Leder oder Leinen. Darin können deine Füße »atmen«, während sie in Schuhen aus Kunststoff so richtig »im eigenen Saft schmoren«.
- Den Geruch aus deinen Schuhen kannst du entfernen, indem du in jeden Schuh ein Päckchen Backpulver streust und es über Nacht drinlässt. Wenn du es morgens rausschüttelst, sind deine Schuhe absolut geruchsfrei. Wenn das allerdings nichts hilft, kauf dir ein spezielles Schuhdeo und versuch es damit. Lässt sich auch damit der Geruch nicht vertreiben, musst du dir wohl oder übel neue Schuhe kaufen.
- Trag möglichst selten Turnschuhe, denn darin stinken die Füße besonders.
- Mach dir nicht zu viel Stress, wenn deine Füße ein wenig riechen. Jeder Mensch hat seinen eigenen Körpergeruch. Das gehört einfach dazu.
- Nicht nur die Füße, auch der Mund kann unangenehme Gerüche verbreiten. Klar, Babys haben dieses Problem noch nicht. Sie riechen immer gut, selbst aus dem Mund und sogar gleich morgens nach dem Aufwachen. Aber keine Sorge. Auch hier gibt es ein paar einfache Mittel, die du in dein tägliches »Hygieneprogramm« mit einbinden kannst:
- Putz dir mindestens zweimal am Tag die Zähne, nämlich morgens und abends. Auch schadet es nicht, wenn du die Zahnbürste noch einmal hervorholst,

bevor du aus dem Haus gehst, weil du zum Beispiel zu einem Geburtstag eingeladen bist oder zum Essen ausgehen willst.

- Benutz einmal am Tag Zahnseide. Das ist vielleicht manchmal etwas nervig, weil es so zeitaufwendig ist und du lieber etwas anderes machen würdest, aber es lohnt sich. Du kannst damit die Zahnzwischenräume von Zahnbelag befreien, in dem sich sonst Bakterien ansammeln würden (und du weißt ja jetzt: die sorgen dann dafür, dass es stinkt).
- Spül dir nach dem Zähneputzen den Mund mit einer Mundspülung aus. Das tötet Krankheitserreger ab. Denn auch die sind für Mundgeruch verantwortlich.
- Wenn du Zwiebeln oder Knoblauch gegessen hast, fängt dein Atem an zu riechen. Falls du keine Gelegenheit hast, dir direkt nach dem Essen beim Italiener – oder nach dem Verzehr von Tsatsiki oder einem Döner – die Zähne zu putzen, spül dir den Mund einfach mit Wasser aus, iss einen Apfel oder lutsch ein Pfefferminzbonbon. Wenn das alles nicht sofort möglich ist, zerbrich dir nicht den Kopf. An Knoblauchgestank ist noch keiner gestorben.
- Wenn du trotzdem noch Mundgeruch hast, obwohl du diese Tipps alle befolgt hast, sprich deinen Zahnarzt das nächste Mal darauf an (du gehst doch regelmäßig alle sechs Monate zu Kontrolle hin, oder?). Er kann dir ein spezielles Mundwasser empfehlen oder die Ursache direkt an deinen Zähnen beheben (keine Panik, das kommt nur selten vor).

Frag doch mal Gott!

Wenn Gott uns einen Körper mit Schweißdrüsen, Hormonen und jeder Menge Bakterien, die sich dort vermehren, gegeben hat, warum sollen wir uns dann überhaupt Sorgen machen, wie wir unsere Körpergerüche loswerden?

Gott hat nie gesagt, dass wir uns *Sorgen* darum machen sollen. In der Werbung wird uns weisgemacht, dass wir ohne Duschgel, Deo, Fußdeo und Mundwasser keine Chance haben, von anderen akzeptiert und anerkannt zu werden. Die wollen natürlich ihre Produkte loswerden und setzen uns deshalb unter Druck. Gott dagegen möchte einfach nur, dass wir dafür sorgen, dass unser Körper sauber und gesund ist.

In der Bibel, im 3. Buch Mose, das eine Sammlung von Gesetzen für die Israeliten enthält, sind allein sechs Kapitel enthalten, in denen es um »reine« und »unreine« Dinge geht. Das 11. Kapitel befasst sich mit der Ernährung. Im 12. Kapitel stehen Anweisungen für die Frauen, wie sie nach der Geburt eines Kindes wieder rein werden können. Im 13. und 14. Kapitel kannst du alles nachlesen, was du schon immer über Hautkrankheiten und Schimmelbefall wissen wolltest. Und um »körperliche Ausflüsse« geht es im 15. Kapitel. Spannend, was in der Bibel so alles thematisiert wird, nicht wahr?

Es gibt zwei Gründe, warum Gott sich diese ganzen Vorschriften ausgedacht hat. Erstens wollte er, dass die Menschen aus seinem Volk ein langes und gesundes Leben führten. Dazu musste er ihnen natürlich auch beibringen, welche Nahrungsmittel und andere Dinge nicht für sie geeignet sind, weil sie krank machen können. Zweitens wollte er, dass sie bei allem, was sie taten, an ihn dachten, selbst wenn sie sich die Hände wuschen und ihre Zelte aufräumten.

Das wünscht sich Gott auch heute noch für uns. Er

will, dass wir gesund bleiben und nicht von einer Horde Bakterien überfallen werden, die unserem Körper Schaden zufügen. Denn wenn wir krank sind, können wir nicht die Aufgaben erfüllen, die Gott für uns vorgesehen hat. Außerdem will Gott auch heute noch, dass sich in unserem Leben alles um ihn und um seine Liebe zu uns dreht. Eine tolle Möglichkeit dazu haben wir, wenn wir uns gut um unseren Körper kümmern und ihn pflegen, sodass wir gesund und voller Energie für Gott leben können.

Bis jetzt haben wir uns nur Gedanken um unsere »äußere« Sauberkeit gemacht. Gott möchte aber auch, dass wir unser inneres Leben in Ordnung halten. In der Bibel erinnert er uns immer wieder daran, zum Beispiel mit dem folgenden Vers:

Nur die Menschen, deren Hände und Herzen rein sind, ... empfangen den Segen des Herrn.

Psalm 24,4–5

»Reine Hände« stehen für die guten Taten, die wir tun. Ein »reines Herz« ist die Liebe, die uns dazu treibt, diese guten Taten überhaupt tun zu wollen. Sich den Dreck vom Körper zu waschen und Deo darüberzusprühen ist also nicht alles, was Gott von uns möchte. Was wirklich zählt, ist unsere innere Reinheit, also das, was wir glauben und wie wir uns verhalten.

Während du also unter der Dusche stehst oder deine Wäsche wechselst, vergiss nicht, auch einen Blick in dein Inneres zu werfen. Mach dich rein von dem Gedanken, deinen nervigen kleinen Bruder am liebsten die Toilette hinunterspülen zu wollen, und befrei dich von dem Wunsch, beliebter zu sein als Miss Perfect von nebenan. Wenn dein wahres Ich zum Vorschein kommt, wen küm-

mert dann schon ein bisschen Schweißgeruch nach einem
Fußball- oder Volleyballspiel?

☐ Wenn mir bei einer anderen Person auffällt, dass sie unangenehm riecht, bleibe ich freundlich zu ihr. Ich blamiere sie nicht in der Öffentlichkeit, ziehe sie nicht damit auf und reagiere auch nicht angeekelt.

☐ Wenn ich merke, dass ich unangenehm rieche und ich in dem Moment nichts dagegen unternehmen kann, bleibe ich gelassen und gerate nicht in Panik.

☐ Meine innere Reinheit ist mir genauso wichtig wie meine äußere Sauberkeit.

Sieh dir jetzt einmal die Punkte an, die du nicht angekreuzt hast. Kannst du dir vorstellen, daran etwas zu ändern, wenn es so weit ist? (Vielleicht musst du dich ja erst noch an den Gedanken gewöhnen, ab jetzt ein Deo zu benutzen, oder du hast bis jetzt noch gar nicht bemerkt, dass deine Füße unangenehm riechen.)

Jetzt kann's losgehen!

Eine neue Gewohnheit entwickelst du am besten, wenn du klein anfängst.

Nimm dir erst einmal nur *eine* Sache vor.

Such dir einen Punkt auf der »Teste dich«-Seite aus, den du *nicht* abgehakt hast, und schreibe ihn hier auf:

_____

_____

_____

_____

_____

Das brauchst du

Eine Liste von den Dingen, die du benötigst, um deine neuen Hygienegewohnheiten in die Tat umzusetzen. Zum Beispiel:
Um meinen Achselschweiß zu bekämpfen, brauche ich
- Seife oder ein Duschgel,
- einen Waschlappen,
- ein Deo, das gut riecht (und am besten kein Aluminium enthält).

Und so geht's

Schreib dir einen kleinen Merkzettel und häng ihn irgendwo auf, wo du ihn sehen kannst, wenn du eine Erinnerung brauchst. Das kann ein Zettel mit Haftklebestreifen oder ein lustiges Bild sein, das du selbst am Computer entworfen hast. Den Merkzettel für die Mundspülung kannst du dir zum Beispiel an den Spiegel im Bad oder an deinen Zahnputzbecher hängen. Damit du nicht vergisst, deine Socken mit Babypuder vorzubehandeln, leg dir einen Zettel in deine Sockenschublade. Sei einfach kreativ und freu dich über deine Erfolge.

Um diese Erkenntnis wirst du reicher

Du lernst, Verantwortung zu übernehmen anstatt in der Ecke zu sitzen und zu jammern, weil das mit der Pubertät alles so schwierig oder doof ist. Stattdessen packst du deine neuen Aufgaben mit einer gewissen Reife an. Daran kannst du außerdem erkennen, dass du bereit bist für die guten Seiten, die das Erwachsenwerden mit sich bringt, wie beispielsweise eine größere Entscheidungsfreiheit. Du wirst sehen, es lohnt sich wirklich!

Sonst noch was?

Eine neue Gewohnheit entwickelt sich normalerweise nach ungefähr vier Wochen. Danach kannst du den nächsten Punkt auf der Liste angehen. Einen Schritt nach dem anderen! Auf diese Weise wirst du dich in deiner Haut immer wohler fühlen!

Meine Notizen

Jetzt, wo du einem sauberen und gesünderen Körper einen Schritt näher gekommen bist: Wie fühlst du dich dabei?

Jemand hat gemerkt, dass ich mich verändere:

_____

_____

_____

Ich fühle mich besser, weil ...

_____

_____

_____

Das ist gar nicht so schlecht, weil ...

_____

_____

_____

KAPITEL 7:

Die Sache
mit den Jungs

E r ist sooo süß!«, rief Sophie begeistert.

»Süß? Der Typ ist total heiß«, schwärmte Anna.

Na, das schien ja jetzt ein Dauerthema zu sein! Ständig sprachen sie von Jungs: »Wie der mich angesehen hat!« –»Hast du gesehen? Er hat mich angelächelt!« Was war daran schon Besonderes? Conny wollte gerade die Augen verdrehen, da zischte Sophie ihr zu: »Hey, Conny! Der hat's auf *dich* abgesehen!«

Anna packte Conny bei den Schultern und drehte sie langsam um. Ein Junge aus der 6. Klasse starrte über den Rand seines Buches zu ihnen herüber. Conny konnte gerade noch sehen, dass seine Blicke ihr galten, bevor er sich blitzschnell wieder hinter seinem Buch versteckte.

Gestern hätte sie noch gleichgültig mit den Achseln gezuckt und ihm zugerufen: »Hey, du, warum machst du nicht ein Foto von mir? Da hast du länger was davon.« Oder sie hätte sich eine passende Bemerkung auf den frechen Spruch überlegt, den er ihr garantiert an den Kopf geworfen hätte. Vielleicht hätte sie auch Ausschau gehalten, wo der Rest seiner Clique lauerte, die sich vermutlich mit Wasserbomben oder irgendwelchen anderen Flausen im Kopf irgendwo versteckt hielten.

Aber heute geschah etwas Seltsames mit ihr. Conny spürte, wie ihr die Wärme ins Gesicht stieg und ihr langsam den Hals hinauf bis in die Haarspitzen kroch. Ihr Herz machte ganz eigenartige Sprünge, so, als ob es völlig aus dem Takt geraten wäre.

Und sie beschäftigte sich doch tatsächlich mit dem Gedanken, dass seine Blicke ihr gegolten hatten. Hatte er sie wirklich *so richtig* angesehen?

Neben ihr fing Sophie an zu kichern. »Ha, du magst ihn auch, stimmt's?«, flüsterte sie.

»Ich *kenn* ihn doch gar nicht!«, protestierte Conny.

»Wer sagt denn, dass du ihn kennen musst?«, flüsterte Anna von der anderen Seite. »Du musst ihn ja nur ansehen, damit du in ihn verknallt bist.«

»Ich bin nicht in ihn verknallt«, zischte Conny hinter vorgehaltener Hand.

»Psssst, leise!« Die Bibliothekarin an der Ausleihe warf ihnen einen verärgerten Blick zu.

Conny hätte sie umarmen können. Immerhin konnte sie sich jetzt hinter den Regalen verstecken und ihre Gedankenwelt sortieren. Wie konnte es bloß sein, dass sie, die kleine, unscheinbare Conny, plötzlich Schmetterlinge im Bauch bekam, nur weil irgendein Typ – zugegeben, ein süßer Typ – sie ansah, als wenn er wirklich etwas von ihr wollte?

Es musste eine andere Erklärung dafür geben. Vielleicht hatte sie sich eine Erkältung eingefangen und konnte deshalb nicht mehr klar denken. Oder mit dem Essen in der Kantine stimmte irgendetwas nicht.

Trotzdem, sie konnte es nicht lassen, dem Jungen noch einen letzten Blick zuzuwerfen, bevor sie hinter den Regalen mit den Biografien verschwand.

Seine Augen funkelten, als er über den Rand seines Buches schaute und sie direkt ansah.

Frag doch mal Gott!

Ohne Frage: Zur Pubertät gehört auch, dass du Jungs anders wahrnimmst als früher. Dafür kannst du mal wieder den Hormonen die Schuld in die Schuhe schieben – oder dich bei ihnen bedanken!

Dieselben Hormone, die Gott dafür bestimmt hat, dass du ein Baby bekommen kannst, sind auch dafür verantwortlich, dass du dich zu Jungen hingezogen fühlst und mit ihnen zusammen ein Baby haben möchtest. In biblischen Zeiten, und sogar noch bis vor hundert Jahren, war das noch kein so großes Problem. Damals kamen die Mädchen erst mit 14 in die Pubertät und waren kurz darauf verheiratet. Heute ist es so, dass die Pubertät bereits mit 10 Jahren einsetzen kann und man normalerweise erst mit Anfang 20 oder später heiratet. Dazwischen liegt mehr als ein ganzes Jahrzehnt!

Deshalb ist es total wichtig zu wissen, was Gott über die Beziehung zwischen dir und einem Jungen denkt. Ansonsten können deine Gefühle dich ganz schön aus der Bahn werfen, wenn du um die Aufmerksamkeit eines bestimmten Jungen kämpfst. Es gibt ein paar Dinge, die wir ganz sicher aus der Bibel wissen.

In 1. Mose 2,24 heißt es: »Darum verlässt ein Mann seine Eltern und verbindet sich so eng mit seiner Frau, dass die beiden eins sind mit Leib und Seele.« Gott hat von Anfang an geplant, dass Mann und Frau Partner sein sollen. Sie sollen »eins« sein, aber nicht nur körperlich, sondern auch, indem sie sich ein gemeinsames Leben aufbauen. Dass Männer und Frauen sich gegenseitig attraktiv finden, war von Anfang an Gottes Absicht, als er die Menschen schuf. Als Adam seine Frau Eva das erste Mal sah, rief er: »Sie ist ein Teil von meinem Fleisch und Blut« (1. Mose 2,23). Das bedeutet: »Sie ist, wie ich, ein von Gott geschaffener Mensch.«

Dann gab Gott ihnen ein paar simple Richtlinien, die sie schützen sollten auf ihrem gemeinsamen Weg als Paar. »Du sollst nicht die Ehe brechen!« (2. Mose 20,14). Diese Richtlinie gehört zu den Zehn Geboten, die die Regeln für ein gutes Zusammenleben enthalten. Sie bedeutet: »Du sollst mit einem anderen nichts anfangen, was normalerweise nur in der Ehe praktiziert wird.« Falls deine Eltern noch nicht mit dir darüber gesprochen haben, welche besondere körperliche Beziehung ein verheiratetes Paar miteinander hat – zum Beispiel, wie es dazu kommt, dass ein Baby entsteht –, liegt es an dir, sie zu fragen, ob sie es dir erklären wollen. Dieses Gespräch wird ein ganz besonderes sein, und du wirst hinterher viel besser verstehen, worum es in der Pubertät überhaupt geht. Fürs Erste reicht es aber zu wissen, dass Gott klar und deutlich gesagt hat: Spar dir diese besonderen Momente für deine Ehe auf.

Wenn bei dir die Pubertät eingesetzt hat, wirst du immer wieder feststellen, dass du dich nun mehr zu den Jungs hingezogen fühlst, die du attraktiv findest und die dir das Gefühl geben, attraktiv zu sein. Im Prinzip ist dieses Verlangen nach dem anderen Geschlecht nicht falsch. Schließlich hat Gott uns das mit in die Wiege gelegt. Die Herausforderung besteht jedoch darin, dass du dich von deinem Verlangen nicht beherrschen lässt und nicht einfach tust, wonach dir zumute ist. Jetzt, wo Jungs auf einmal nicht mehr nur nervige, kleine Plagegeister sind, sondern wo sie plötzlich »süß« sind und interessant für dich werden, ist es ganz besonders wichtig, dass du dich intensiv mit Dingen beschäftigst, die gut für dich sind. So wird es dir leichter fallen, dich den Herausforderungen zu stellen, die eine Freundschaft zu einem Jungen mit sich bringt. Der folgende Bibelvers bringt das sehr gut zum Ausdruck:

Konzentriert euch auf das, was wahr und anständig und gerecht ist. Denkt über das nach, was rein und liebenswert und bewunderungswürdig ist, über Dinge, die Auszeichnung und Lob verdienen. Hört nicht auf, das zu tun, was ihr von mir gelernt und gehört habt und was ihr bei mir gesehen habt; und der Gott des Friedens wird mit euch sein.

Philipper 4,8–9

Info-Ecke

Wie sieht's bei dir aus? Verhältst du dich wie Conny und versteckst dich lieber hinter Bücherregalen? Ich habe eine bessere Idee: Du kannst die Zeit nutzen, um herauszufinden, wie Jungs eigentlich ticken.* (Kommt es dir nicht manchmal auch so vor, als ob sie von einem ganz anderen Planeten sind?)

Dann schau dir doch mal näher an, wie so eine Beziehung zwischen dir und einem Jungen zum gegenwärtigen Zeitpunkt aussehen könnte.

Du bist mit einem (oder mehreren) Jungen befreundet:
Ein Junge kann ein wirklich guter Kumpel sein, weil du mit ihm wahrscheinlich nicht dieselben Probleme haben wirst wie mit einem Mädchen – du weißt schon: das Getratsche, die Eifersucht auf deine anderen Freunde oder das ganze Rumgezicke. Mit einem Jungen als Freund kann man tolle Abenteuer erleben, und außerdem kann er dir sehr viel über die Welt der Jungs beibringen. Die Herausforderung dabei: Andere Kinder könnten euch mit dummen Sprü-

---

* Übrigens gibt es dazu ein tolles Buch von Shaunti Feldhahn: »Wie Jungs ticken. Was Mädchen unbedingt wissen sollten.« (Gerth Medien)

chen ärgern wie »Na, seid ihr jetzt ein Liebespaar?« oder »Gehst du jetzt mit dem?« Mach dir nichts draus. Erklär ihnen einfach, dass ihr bloß Freunde seid, und ignorier dann ihre Kommentare. Mit deinem Freund solltest du allerdings schon darüber sprechen, damit ihr euch nicht plötzlich blöd vorkommt, wenn ihr zusammen seid.

Du bist in einen Jungen verknallt: Wenn du verknallt bist, spürst du so ein romantisches Gefühl in dir, sobald du an den Jungen denkst oder ihn siehst. Vielleicht träumst du davon, wie es wohl sein würde, mit ihm befreundet zu sein. Sobald du ihn auch nur kurz zu Gesicht bekommst oder ihn begrüßt, kann dir das ein stundenlanges Lächeln aufs Gesicht zaubern. Diese Erfahrung ist sozusagen wie eine Übung und eine Vorbereitung auf die Zeit, in der du dich wirklich in jemanden verliebst. Das ist ein ganz schön aufregendes Gefühl. Die Herausforderung dabei: Du ertappst dich selbst dabei, wie du dich nach jemandem sehnst, der dich noch nicht einmal wahrnimmt, oder der sich dir gegenüber sogar schlecht benimmt. Diese Erfahrung kann ziemlich schmerzlich sein, aber es bedeutet nicht, dass du nicht ein wundervoller Mensch bist. Normalerweise hält das schmerzliche Gefühl nicht lange an. Wenn du allerdings am nächsten Tag immer noch genauso traurig darüber bist, sprich am besten mit einem Erwachsenen darüber, dem du vertraust. Es ist einfach noch viel zu früh für dich, dass du wegen eines Jungen so sehr leidest. Wahrscheinlich hat das irgendeine andere Ursache, die dir noch nicht einmal bewusst ist.

Du bist in einen älteren Jungen oder in irgendeinen Star verknallt: Es ist nichts Ungewöhnliches, wenn du Schmetterlinge im Bauch hast, weil du für einen gut aussehenden Lehrer schwärmst oder deinen sympathischen Jugendleiter magst. Oder wenn du von einem Treffen mit diesem Wahnsinns-Musikstar, Schauspieler oder Sportler träumst, weil du ihn so krass findest. Das ist absolut okay, denn bei dieser Art von Schwärmerei kannst du deine Gefühle genießen ohne dir Gedanken machen zu müssen, wie du weiter damit umgehst. Auch das ist eine gute Übung für die Zeit, wenn du einmal richtig verliebt bist. Die Herausforderung dabei: Dein großer Schwarm könnte dich ziemlich enttäuschen und etwas tun, was in deinen Augen unverzeihlich ist, nämlich zum Beispiel heiraten oder irgendeine Dummheit begehen, von der dann überall in den Nachrichten berichtet wird. Da du mit diesem Typ ja eigentlich gar keine Beziehung hattest, wirst du über die Enttäuschung auch irgendwann hinwegkommen. Gleichzeitig ist es eine Vorbereitung auf die Tatsache, dass dich andere Jungen später sicher auch einmal enttäuschen werden. Sie sind eben auch nur Menschen.

Du »gehst« mit einem Jungen: Na ja, richtig »ausgehen« kannst du mit einem Jungen zum jetzigen Zeitpunkt noch nicht, weil du ja noch keinen Führerschein hast und deine Eltern dir deshalb ganz bestimmt noch nicht erlauben, ein richtiges Date zu haben! Allerdings benutzen selbst Grundschüler diese Redewendung schon, damit jeder weiß, dass sie jetzt als Junge und Mädchen befreundet sind und diese Gefühle nur dem anderen gelten. In den meisten Fällen sieht das dann so aus, dass sich die beiden gegenseitig kleine Zettel schreiben oder sich quer durch den Raum anlächeln. Bevor der Tag zu Ende ist, haben sie dann wahrscheinlich schon wieder »Schluss gemacht«. Solange sie dabei glücklich sind, ist das alles einfach wie ein Spiel, das sie automatisch auch auf ihre Zukunft vorbereitet, wenn es richtig »ernst« wird. Die Herausforderung dabei: Wenn die Kids das Ganze zu ernst nehmen (was meistens bei den Mädchen der Fall ist), dann werden sie eifersüchtig aufeinander oder sind einfach am Boden zerstört, wenn der andere »Schluss macht«. Außerdem ist es gar nicht gut, wenn Mädchen so sehr mit ihrem »Freund« beschäftigt sind, dass sie über nichts anderes mehr reden oder nachdenken, oder wenn sie anfangen, sich zu verstellen, um sich bei den Jungs beliebt zu machen. Das ist niemals gut, egal, wie alt man ist. Diese »Dates« in deinem Alter haben keine Zukunft. Ihr könnt so viel Schönes zusammen unternehmen und Spaß dabei haben. Warum willst du dir also dein Leben komplizierter machen?

Teste dich!

Wahrscheinlich weißt du bereits selbst, wie du zu den Jungs stehst. Mach den nachfolgenden Test, um herauszufinden, wie du in bestimmten Situationen auf Jungs reagierst. Wenn du den jeweiligen Punkt beantwortet hast, kannst du nachlesen, wie du am besten in der jeweiligen Situation reagierst.

1. Wenn ich in einen Jungen in meiner Klasse verliebt bin,
a) sage ich ihm, was ich ihm gegenüber empfinde.
b) gehe ich ihm aus dem Weg, damit er nicht merkt, dass ich ihn mag.
c) bitte ich *meine* Freundin, *seinen* Freund zu fragen, ob er mich mag.
d) finde ich es einfach nur toll, in seiner Nähe zu sein.
e) Ich hab mich noch nie in einen Jungen verliebt.

Falls du nicht gerade *e)* eingekreist hast, was absolut okay ist, ist *d)* die beste Wahl. Wenn du ihm erzählst, wie du ihm gegenüber empfindest (*a*), ist ihm das vielleicht peinlich (oder auch dir – falls er sich nämlich angewidert von dir abwendet). Ihm aus dem Weg zu gehen (*b*) könnte bedeuten, dass du die Chance auf eine gute Freundschaft verpasst. Die dritte Möglichkeit *(c)* wird wahrscheinlich dazu führen, dass in den nächsten zehn Minuten die ganze Klasse darüber Bescheid weiß (selbst wenn sie dir vorher schwören mussten, es niemandem sonst zu erzählen).

2. Wenn mich ein Junge mag und ich nicht wirklich Interesse daran habe, seine Freundin zu sein (noch nicht einmal für eine Stunde),

a) gebe ich keine eindeutige Antwort und hoffe, dass er es kapiert.
b) bringe ich meine Freundin dazu, ihm zu sagen, dass er sich verziehen soll.
c) sage ich ihm unverblümt, dass ich ihn nicht leiden kann. Dann lässt er mich wenigstens in Ruhe.
d) erkläre ich ihm ganz offen, dass wir gerne gute Kumpels sein können, aber dass ich nicht seine Freundin sein will.
e) Ich glaube nicht, dass es überhaupt schon mal vorgekommen ist, dass sich ein Junge in mich verliebt hat.

Auch hier gilt wieder: Antwort *e)* ist völlig okay, aber unter allen übrigen Varianten ist *d)* die beste Reaktion. Auf diese Weise lernst du vielleicht einen richtig guten Kumpel kennen, aber du ersparst dir das ganze Drama, das eine »richtige« Freundschaft mit sich bringen kann. Einfach nur zu hoffen, dass er es selbst herausfindet *(a)* ist nicht wirklich fair, obwohl es natürlich auch schwer ist, jemanden zu enttäuschen. Wenn du deine Freunde zu ihm schickst *(b)*, ist das irgendwie feige. Du solltest lieber lernen, die Dinge selbst zu regeln. Die dritte Möglichkeit *(c)* ist echt gemein, weshalb du sie natürlich nicht anwenden solltest.

3. Wenn ein Junge mich ärgert und mich ständig provoziert,
a) vermute ich sofort, dass er in mich verliebt ist.
b) bitte ich meinen Lehrer, ihm zu sagen, dass er damit aufhören soll.
c) ignoriere ich ihn einfach.
d) lache ich darüber und necke ihn ebenfalls.
e) Jungs ärgern mich nicht.

Wenn du das Glück hast, dass Antwort *e)* auf dich zutrifft, hast du natürlich einige Probleme weniger in deinem Leben. Die übrigen Antworten sind unter Umständen alle nicht verkehrt. Der Gedanke, dass er in dich verliebt sein könnte *(a)*, ist naheliegend. Wenn Jungs in deinem Alter dich ärgern, ist das oft ein Zeichen, dass sie dich mögen. Da soll einer schlau draus werden! Wird der Junge dabei aber gemein und bedroht dich auch noch, ist es am besten, wenn du es dem Lehrer sagst *(b)*. Wenn er dich wirklich in eine unangenehme Lage bringt, musst du es unbedingt einem Erwachsenen mitteilen. Ignorieren *(c)* ist manchmal auch eine gute Methode, denn wer andere ärgert, will normalerweise nur eine Reaktion provozieren; bleibt diese aus, macht das Ärgern keinen Spaß mehr. Wenn er aber trotzdem nicht aufhört und du dich deswegen bei deiner Schularbeit oder in deiner Sicherheit beeinträchtigt fühlst, halte dich an Punkt *(b)*. Manchmal neckt dich ein Junge aber einfach nur aus Spaß. Dann ist es das Beste, wenn du mit Humor darauf reagierst und ihn auch ein bisschen neckst (d). Vielleicht ist das ja der Beginn einer richtig guten Freundschaft!

4. Wenn alle meine Freundinnen sich schon für Jungs interessieren und sie versuchen, mich auch dazu zu drängen,
   a. mache ich eine lustige Bemerkung und hoffe, dass sie verstehen, was ich meine.
   b. sage ich einfach, dass es schon einen Jungen gibt, den ich mag, und hoffe, dass sie mich damit dann in Ruhe lassen.
   c. schnauze ich sie an, dass sie sich vom Acker machen sollen.
   d. erkläre ich ihnen, dass ich noch nicht so weit bin und ich mit Jungs noch nicht viel anfangen kann.
   e. Das ist mir mit meinen Freundinnen noch nie passiert.

Ich hoffe, du hast e) angekreuzt, denn echte Freunde sollten sich gar nicht erst gegenseitig in eine solche Situation bringen. Mit Antwort d) bist du auf dem richtigen Weg. Es ist immer am besten, wenn man ehrlich sagt, wie einem zumute ist. Wenn du einfach nur Witze darüber reißt (a), lässt du den anderen ein Hintertürchen offen, was dazu führen kann, dass sie dich deswegen immer weiter bedrängen. Die Behauptung, dass es schon einen Jungen gibt, den du magst, wenn das in Wirklichkeit gar nicht der Fall ist (b), ist eine glatte Lüge und kann die Sache noch *viel* komplizierter machen. Antwort c) ist zwar ehrlich gemeint, du könntest dadurch aber deine Freundschaft aufs Spiel setzen. Du solltest deine Freunde niemals so anblaffen. Eigentlich passiert so etwas nur dann, wenn innerlich etwas in dir brodelt, was sich über einen längeren Zeitraum angestaut hat – und du nicht rechtzeitig darüber geredet hast.

Dein Körper gehört nur dir (und Gott). Deshalb darfst du allein darüber bestimmen, wer ihn berührt, wie das geschieht und wer das nicht darf. Dabei spielt es keine Rolle, ob du erst acht oder schon achtzig Jahre alt bist. Das bedeutet, wenn es irgendjemanden gibt – egal wer das ist! –, der dich auf eine Weise berührt, die dir unangenehm ist (vor allem an deinen intimsten Körperstellen), dann musst du das sofort einem Erwachsenen erzählen, dem du vertraust. Mach dir keine Sorgen darüber, ob du deswegen in Schwierigkeiten kommen wirst. Das wird nicht passieren, weil dich ja gar keine Schuld an der Sache trifft. Mach dir auch keinen Kopf darüber, ob die Person, die das getan hat, nun Ärger bekommen wird. Er oder sie wird und sollte deswegen Ärger bekommen, aber auch das ist nicht deine Schuld. Auch wenn diese Person dir droht, dass dir etwas passieren wird, wenn du es jemandem erzählst: Glaub das nicht. Erzähl es trotzdem. Das ist der beste Schutz dagegen, dass dir das noch einmal passiert. Egal, ob es ein Junge aus deiner Klasse ist, ein Verwandter, ein Erwachsener, den du kennst oder irgendein Fremder: Wenn dich jemand anfasst und dir das nicht gefällt, hat diese Person sich falsch verhalten. Erzähle sofort jemandem davon.

Jetzt kann's losgehen!

Egal, ob du eben erst bemerkt hast, dass Jungs ja auch ganz nett sein können, oder ob du sie nicht mehr aus dem Kopf bekommst: Dies ist ein guter Zeitpunkt, dir Gedanken darüber zu machen, wie du überhaupt mit Jungs umgehen und dich ihnen gegenüber verhalten willst. Das ist übrigens eine tolle Gelegenheit, mal wieder deine Mädchenclique zusammenzutrommeln. In Zukunft werdet ihr eure gegenseitige Unterstützung brauchen!

Das brauchst du

- Schmierpapier, einen Bleistift oder Filzstift,
- schönes Papier und einen Füller,
- ein paar gute Ratschläge zum Thema Jungs, die du dir bei ein paar Leuten eingeholt hast, die es wissen müssen – besonders bei deinem Vater. (Es gibt keinen anderen Menschen auf der Welt, der gleichzeitig so viel über Jungs und über dich weiß.)

Und so geht's

Verabrede dich mit deinen Freundinnen. Überlegt, in welche Situationen ihr geraten könnt, wenn ihr mit einem Jungen zusammen seid, und schreibt eure Einfälle auf. *Zum Beispiel*:

- Ein Junge fragt mich, ob ich mit ihm ausgehe.
- Ein Junge blödelt immer herum, wenn er in meiner Nähe ist und neckt mich dabei.
- Ein Junge ärgert mich und ist dabei gemein zu mir.
- Ein Junge will mich küssen.
- Ein Junge, der mir gar nichts bedeutet, klebt an mir wie eine Klette.
- Alle Mädchen haben einen Freund, nur ich nicht!

Besprecht nun gemeinsam, wie ihr damit umgehen wollt, wenn ihr in eine solche Situation kommt. Dieses Buch und die Ratschläge von anderen, die ihr euch vorher eingeholt habt, können euch dabei eine Hilfe sein. Schreibt eure Vorschläge in Stichworten auf einen Schmierzettel. Eure endgültigen Ideen und Einfälle könnt ihr dann in Schönschrift auf ein anderes Blatt Papier schreiben. Wenn ihr einmal nicht wisst, wie ihr mit einer Situation umgehen sollt, geht zu einem Erwachsenen und fragt ihn. Denk dran, dein Vater kann dir hier bestimmt viele gute Tipps geben. Beispiele:

- Wenn ein Junge dich fragt, ob du mit ihm ausgehst und du noch nicht 14 bist (oder ein anderes Alter, das ihr vorher festgelegt habt), sage ihm einfach, dass du dich jetzt noch nicht verabreden willst, weil dir das noch zu früh ist.
- Wenn ein Junge dich aus Spaß ärgert und dich das nicht wirklich stört, necke ihn einfach ebenfalls.

Um diese Erkenntnis wirst du reicher

- Mit dem Plan, den ihr euch gemacht habt, wirst du keine bösen Überraschungen mehr erleben.
- Jetzt kannst du dich entspannt zurücklehnen und deine Jungenfreundschaften einfach nur genießen.
- Du weißt jetzt, wie man gute Entscheidungen treffen kann.

Sonst noch was?

Erzähl deinen Eltern (besonders deinem Vater) von euren Ideen. Falls von ihrer Seite noch irgendwelche Verbesserungsvorschläge kommen, überleg, ob du deine Notizen noch einmal abändern oder ergänzen solltest. Bewahr sie dann irgendwo auf, damit du von Zeit zu Zeit einen Blick darauf werfen kannst. Das kann besonders hilfreich sein, wenn du dich dabei erwischst, dass dir dein heimlicher Schwarm, der dich so nett angelächelt hat, nicht mehr aus dem Kopf geht.

Meine Notizen

Wenn ich mir meine Aufzeichnungen durchlese,
merke ich, dass ich beim Thema »Jungs« ...

_____

_____

_____

Ich wünschte, Jungs wären ...

_____

_____

_____

Mein Vater (oder meine Mutter) hat auf meine
Aufzeichnungen bzw. mein Erzählen darüber
folgendermaßen reagiert:

_____

_____

_____

KAPITEL 8:
Gute Entscheidungen treffen

Muss nur noch kurz die Welt retten ...«
Einundfünfzig, zweiundfünfzig ...
»Conny!«
Conny öffnete die Augen und ließ ihr Springseil herunterhängen. Die Musik dröhnte weiter in ihren Ohren. »Danach flieg ich zu dir ...«

»Was ist denn?«, rief sie ihrer Mutter zu, die plötzlich wie aus dem Nichts vor ihr stand.

»Ich sagte, mach die Musik aus!«

Conny deutete auf ihren iPod. »Die hier?«

»Ja!«

Conny drückte auf den Knopf und blinzelte ihre Mutter an.

»Stimmt irgendetwas nicht?«

»Du sagst es, meine Liebe!« Die Mutter verschränkte die Arme vor der Brust. »Wenn ich die Musik aus diesem kleinen Ding hier sogar noch auf der anderen Seite der Tür höre, dann ist das eindeutig zu laut.«

»Ich muss sie beim Seilspringen so laut stellen«, verteidigte sich Conny. »Dann kann ich mich besser konzentrieren. Du hast doch gesagt, dass ich Sport machen soll!«

»Du wirst dich auf gar nichts mehr konzentrieren können, wenn du davon taub wirst«, widersprach die Mutter energisch. »Deine Musik ist so laut, dass jeder sie mithören kann. Das ist nicht gut für deine Ohren.«

Conny war sich zwar nicht sicher, ob ihre Mutter recht

hatte, aber sie nickte trotzdem. Eltern haben eben manchmal komische Vorstellungen.

Sie wartete, bis ihre Mutter sich umdrehte und das Zimmer verließ, damit sie endlich weitermachen konnte. Sie hatte sich vorgenommen, 75-mal hintereinander ohne eine Pause zu springen, und jetzt musste sie wieder von vorne anfangen! Doch die Mutter hatte die Hand noch am Türgriff und zögerte.

»Eigentlich wollte ich gar nicht zu dir, um mich über deine Musik zu beschweren«, sagte sie. »Ich hatte mich bloß gefragt, ob du vielleicht mit mir über das Projekt sprechen willst, das ihr heute in der Schule durchgenommen habt.«

»Meinst du das Thema Drogen?« Conny hängte sich ihr Springseil um die Schultern und seufzte. »Darüber gibt es nichts zu sprechen. Drogen sind kacke. Ich werde so was nie nehmen.«

»Ich bin froh, dass du so denkst«, erwiderte die Mutter. Sie kaute auf ihrer Lippe herum, und Conny konnte sehen, dass sie ziemlich nervös war.

»Ach Mama, das ist doch alles gar kein Problem!«, versuchte Conny sie zu beruhigen. »Ich sag einfach Nein, wenn sie's mir anbieten.«

»Ich glaube nicht, dass das so einfach ist, wenn die anderen bei einer Party etwas trinken und …«

»Ma-ma! Ich bin erst zehn! Bei unseren Pyjamapartys trinkt niemand Alkohol!«

»Du wirst aber nicht immer zehn bleiben«, wandte die Mutter ein. »Denk einfach dran, dass Papa und ich immer für dich da sind, wenn du mit uns über irgendetwas reden willst.«

»In Ordnung«, lenkte Conny ein.

Ihre Mutter nahm sie in den Arm – Conny verstand überhaupt nicht, warum. Dann verließ sie das Zimmer. Conny schaltete den iPod wieder an. Taub werden? Drogen nehmen? Auf Partys Alkohol trinken? Sie verstand gar nichts. Alles, was sie wollte, war einfach nur Seilspringen.

Info-Ecke

Vielleicht geht es dir genauso? Hast du auch das Gefühl, dass dich ständig jemand belehren oder vor Dingen warnen will, über die du dir noch nie Gedanken gemacht hast? Dinge wie unerlaubte Drogen, Alkohol, Zigaretten, Tabak kauen (als ob du so etwas tun würdest!), laute Musik hören und sogar sexuelle Belästigung?

Wahrscheinlich geht dir dann dasselbe durch den Kopf wie Conny: »Wo ist das Problem? Ich habe doch gar keine Lust auf solche Dinge – außer vielleicht auf laute Musik. Und ich weiß noch nicht einmal genau, was sexuelle Belästigung überhaupt bedeutet!«
  Schön, wenn du diese Einstellung hast und du weißt, dass Drogen, Alkohol und Zigaretten absolut schädlich für dich sind. Aber leider kann es sein, dass du mit diesen Dingen bald öfters konfrontiert wirst, wenn du nämlich auf die weiterführende Schule kommst (falls du nicht schon dort bist). Es ist wichtig, dass du schon vorher darauf vorbereitet bist und keine bösen Überraschungen erlebst. Mach dir einmal über folgende Aussagen Gedanken. (Manche davon beziehen sich zwar auf amerikanische Studien und Statistiken, die Abweichungen im Vergleich mit Deutschland sind aber nur gering. Anmerkung d. Übers.)

▶ Zwischen 8 und 12 Jahren bist du in einem Alter, wo die Entscheidungen, die du triffst, deinen zukünftigen Charakter und dein Handeln bestimmen.

- An vielen Schulen ist es bereits für Elf- und Zwölf-jährige kein Problem, an Drogen heranzukommen. Ihre ersten Erfahrungen mit Alkohol und Zigaretten machen viele Kinder in der fünften und sechsten Klasse, dann nämlich, wenn sie herausfinden wollen, wer sie eigentlich sind und was ihnen wichtig ist.
- Jedes zehnte Kind zwischen zehn und zwölf Jahren probiert Drogen aus (meistens Haschisch oder Marihuana). Süchtig werden genauso viele Jungen wie Mädchen (Sucht bedeutet, dass man nicht mehr damit aufhören kann und immer mehr davon braucht).
- Das Durchschnittsmädchen in deinem Alter sieht im Jahr 40 000 Werbespots im Fernsehen. Das sind insgesamt ungefähr 660 Stunden. Davon werden 460 Stunden lang Menschen in sexy Posen gezeigt, die für Autos, Deos und Tiefkühlkost werben! Das kann große Auswirkungen auf deine eigene Einstellung zu deinem Körper haben.

Deshalb ist es nicht nur damit getan, einfach Nein zu sagen, wenn dir jemand Drogen anbietet. Dabei sind noch zwei weitere Dinge sehr wichtig:

1. Du musst die *Fakten* kennen, wie schädlich diese Stoffe für dich sind.
2. Gott hat dir einen Körper, einen Geist und eine Seele geschenkt. Du sollst sie genauso lieben wie Gott und wie die anderen Menschen. Wenn das der Fall ist, kann dich nichts mehr davon abhalten, Respekt und Achtung vor dir selbst zu haben und auf dich aufzupassen.

Fangen wir also mit den Fakten an:

Fakten über das Rauchen

- Rauchen führt zu Lungenerkrankungen. Und damit ist nicht nur gemeint, dass du vielleicht irgendwann, wenn du alt bist, an einem Sauerstoffgerät hängen wirst. Das Rauchen von Zigaretten kann sich schon in jungen Jahren schädlich auf den Körper auswirken.
- Es führt zu *starker* Abhängigkeit. Von vier Mädchen im Teeniealter klagen drei, dass sie vergeblich versucht haben, mit dem Rauchen aufzuhören.
- Eine Packung Zigaretten pro Woche kostet im Jahr ca. 260 Euro (die meisten Raucher verbrauchen jedoch deutlich mehr).
- Das Nikotin, das in Zigaretten enthalten ist, lässt die Hormone in deinem Körper ansteigen, die für die Talgproduktion zuständig sind. Das kann dazu führen, dass sich deine Poren verstopfen und du Pickel bekommst.
- Die Wahrscheinlichkeit, dass du unter depressiven Verstimmungen leidest, ist viermal höher als bei Mädchen, die nicht rauchen.
- Wenn du abhängig von Zigaretten bist und gerade nicht die Möglichkeit hast, eine zu rauchen (wie zum Beispiel während einer Klassenarbeit), funktioniert dein Gehirn nicht mehr so gut, und auch deine Gedächtnisleistung ist beeinträchtigt, weil dein Körper nach dem Nikotin verlangt.
- Wenn du rauchst, hast du mehr Schwierigkeiten bei sportlichen Aktivitäten, weil deine Lungenbläschen beschädigt werden und du dadurch leichter außer Atem gerätst.
- Rauchen führt nicht nur zu schlechtem Atem und verfärbt deine Zähne gelb, sondern der Geruch setzt sich außerdem in deinen Haaren und in deiner Kleidung fest. Nicht gerade das, was ein Mädchen sich wünscht, oder?

Fakten über Alkohol- und Drogenkonsum

- Alkohol wirkt sich während der Pubertät auf dein Wachstum aus. Zum Beispiel entzieht er deinem Körper das notwendige Zink, das dieser für das Wachstum von Zellen und Geweben braucht.
- Drogen und Alkohol zerstören die Gehirnzellen. Das bedeutet, dass du dann nicht mehr so klar und schnell denken kannst. Die abgestorbenen Zellen können nicht wiederhergestellt werden. Und meistens ersetzt das Gehirn diese auch nicht durch neue.
- Wenn du so viele Drogen nimmst oder Alkohol trinkst, dass du davon »high« oder betrunken wirst (d.h. dass sich eine bestimmte Menge davon im Blutkreislauf befindet), gehst du damit viele Risiken ein:
  - Du könntest eine Dummheit begehen oder dich vor anderen Leuten lächerlich machen.
  - Du könntest dir körperliche Verletzungen zuziehen.
  - Vielleicht wirst du beeinflusst, Dinge zu tun, die du normalerweise niemals tun würdest, wenn du nicht betrunken wärst.
  - Du verlierst vielleicht deine Freunde.
  - Du wirst nicht nur Probleme mit deinen Eltern bekommen, sondern eventuell auch mit der Polizei.
  - Man könnte dir deine Sachen stehlen oder kaputt machen, ohne dass du es merkst.
  - Es kann sein, dass du in einen Streit oder einen Kampf mit anderen verwickelt wirst (in dem du möglicherweise verletzt wirst).
  - Du wirst dich wahrscheinlich übergeben müssen.
  - Vielleicht wirst du durch die Menge an Alkohol bewusstlos.
  - Du kannst sogar daran sterben. (Zu viel Alkohol im Körper von jungen Menschen kann zum Tod

führen, wobei »zu viel« nicht eine große Menge bedeuten muss.)

Wenn das Zeug also so schädlich ist, warum nehmen es Jugendliche dann überhaupt? Warum lassen sie es dann nicht einfach bleiben?

Na ja, so einfach ist das eben nicht. Das hat mal wieder etwas mit der Pubertät zu tun. Denn in dieser Zeit, wo du versuchst, deinen eigenen Weg zu finden, kann es sehr schwer sein, dich von Drogen, Alkohol und Zigaretten fernzuhalten. In deinem Alter ist es normal, wenn du

- dazugehören, mit einbezogen und beliebt sein willst;
- genauso viel Spaß haben willst wie die anderen;
- dich gern »cool« und erwachsen fühlen willst;
- Neues ausprobieren willst;
- zu älteren Jugendlichen aufsiehst und dir Vorbilder suchst, die dir ein bestimmtes Verhalten vorleben;
- dir bewusst wirst, dass dein Körper *dir* gehört und *du selbst* darüber bestimmen kannst (nach dem Motto: »Ich kann doch machen, was *ich* will!«);
- herausfindest, dass dieser Bereich zu den wenigen Dingen gehört, die du selbst kontrollieren kannst, während dir von anderen vorgeschrieben wird, wie du dich zu verhalten hast, wie du deine Zeit einteilst und wo du wohnst.

Denk einmal über folgende Situationen nach:

▸ Bei der Pyjamaparty wollen ALLE Mädchen ein halbes Glas Rotwein trinken, den der Vater im Keller stehen hat. Sie möchten einfach nur ausprobieren, wie er schmeckt und wie sich das anfühlt, wenn man ihn getrunken hat. Das sind dieselben Mädchen, mit denen du auch sonst immer herumhängst. Auch in der Schule. Wenn du dich von ihnen abseilst, wirst du in der Schule immer allein sein und auch sonst niemanden mehr zum Spielen haben ...

- Zu Hause behandeln dich deine Eltern, als ob du noch ein Baby wärst. Die Schwester deiner besten Freundin bietet dir eine Zigarette an und erklärt dir, dass du schon viel reifer bist als viele ihrer eigenen Freundinnen. Nur für einen Moment würdest du dich so gerne mal erwachsen fühlen ...

- Dieser gut aussehende Junge, den alle deine Freundinnen so anhimmeln – übrigens der beliebteste Junge in deiner Klasse –, hat Marihuana in seinem Ranzen, und du hast es gesehen. Wenn du ihn verrätst, werden die anderen total sauer auf dich sein. Das wird dein Ende bedeuten – oder es könnte zumindest schlecht für dich ausgehen ...

Das ist nicht so einfach, wie es klingt, oder? Deshalb ist es gut, dass wir Gott haben.

Frag doch mal Gott!

Warum sind Freunde im Moment so wichtig für dich? Weil das zu Gottes Plan gehört. Er hat es so gewollt. Denn in dieser Phase, wo du wächst und dich entwickelst, sollst du allmählich lernen, deine Aufmerksamkeit nicht mehr nur auf die Familie zu richten, sondern auch auf deine Freunde. Eines Tages wirst du ganz von zu Hause ausziehen und dein eigenes Leben führen. Du befindest dich jetzt sozusagen in einem Abnabelungsprozess, wo du lernst, später einmal allein zu leben und eigene Entscheidungen zu treffen.

Jetzt sind es deine Freunde, die dir das sichere Gefühl der Geborgenheit und Zugehörigkeit geben, das du als kleines Mädchen von deiner Familie bekommen hast. Aber was passiert, wenn du plötzlich nicht mehr dazugehörst, nur weil du bei dem, was deine Freunde tun, nicht mitmachst? Was ist, wenn sie Entscheidungen treffen, von denen du genau weißt, dass sie nicht richtig oder ungesund sind? Wenn sie dir den Rücken kehren und dich ausschließen und du nie wieder Freunde haben wirst, alle dich hassen und ...

Okay, das reicht jetzt. Du weißt genau, dass die beiden letzten Punkte niemals eintreten werden! Dass sie dir den Rücken kehren und dich ausschließen, kann allerdings sehr wohl passieren, und das tut weh. Aber Gott wäre nicht Gott, wenn er nicht auch hierauf eine Antwort für uns hätte.

Gott segnet euch, wenn ihr verspottet und verfolgt werdet und wenn Lügen über euch verbreitet werden, weil ihr mir nachfolgt.
Matthäus 5,10

Gott weiß genau, wie es ist, wenn man verspottet und ausgegrenzt wird, nur weil man nicht macht, was die anderen sagen. Aber er versteht dich nicht nur. Wenn du dich für den richtigen Weg entschieden hast, gibt er dir auch noch das gute Gefühl, es richtig gemacht zu haben. Und das fühlt sich am Ende des Tages viel besser an, als wenn du nachgegeben und die falsche Entscheidung getroffen hättest.

Beneide die bösen Menschen nicht; sehne dich nicht
nach ihrer Gesellschaft. Denn sie schmieden böse Pläne,
und ihr Wort stiftet nur Unheil.

Sprüche 24,1–2

Diese Erfahrung kann zwar ziemlich schmerzlich sein, aber besonders in der Teeniezeit ist es normal, wenn Freundschaften daran zerbrechen, dass ihr verschiedene Vorstellungen davon habt, was falsch und was richtig ist. Die Mädchen, mit denen du sonst immer zusammen gespielt und dich zum Schwimmen oder Eisessen verabredet hast, treffen jetzt auf einmal Entscheidungen in ihrem Leben, mit denen du nicht einverstanden sein kannst. So hart das klingt, aber dann ist es Zeit, die Freundschaft zu beenden. Es ist okay, wenn du zunächst traurig darüber bist und die Tränen fließen. Aber dann kannst du dich auch freuen, dass du nun frei bist von Dingen, die dich nur in Schwierigkeiten bringen würden.

Such dir neue Freunde, andere Mädchen (und wenn du willst, auch Jungs), von denen du weißt, dass sie gute Entscheidungen für ihr Leben treffen. Trefft euch und tauscht euch darüber aus, wie ihr mit den schlechten Gewohnheiten der anderen umgehen wollt und eure Zeit mit guten Dingen ausfüllen könnt.

Verbring deine Zeit mit anderen in deinem Alter, die Gott genauso lieben wie du.

Gott hat uns dazu berufen, heilig zu leben, und nicht,
ein unreines Leben zu führen. Wer sich weigert, da-
nach zu leben, der missachtet nicht etwa menschliche
Vorschriften, sondern er lehnt Gott damit ab, der euch
seinen Heiligen Geist geschenkt hat.

1. Thessalonicher 4,7–8

Vergiss nicht, dass dein Körper wichtig ist, und du dich um ihn kümmern solltest, denn er ist der »Tempel«, in dem Gott wohnen möchte. Füge ihm keinen Schaden zu. Der Preis, in jedem Fall »dazuzugehören«, ist zu hoch, wenn es bedeutet, dich zu Dingen wie Alkohol, Zigaretten oder anderen dummen Sachen überreden zu lassen. Gott wird sich darum kümmern, dass du neue Freunde findest, wenn du nicht mehr in deine alte Clique passt. Mach dir keine Sorgen, sondern bitte ihn darum, dir Freunde zu schenken, die dich schätzen und mit denen du auf einer Wellenlänge liegst.

Es stimmt tatsächlich, dass du dein Gehör damit schädigen kannst, wenn du deinen iPod oder MP3-Player zu laut aufdrehst. Experten sagen, dass es völlig unschädlich ist, wenn du eine Stunde am Tag bei 60 Prozent der vollen Lautstärke Musik hörst. Lass dir von jemandem zeigen, der Ahnung davon hat, wie du das auf deinem Player einstellen kannst.

Teste dich!

Stell dir vor, du triffst dich mit deinen Freundinnen bei einer von euch zu Hause, und ihr wollt euch zusammen einen Film ansehen. Ihr habt massenhaft Filme zur Auswahl. Die Mutter deiner Freundin hat euch in der Küche ein paar Snacks bereitgestellt, und beide

Eltern sind schon ins Bett gegangen. Kreuze alle unten aufgeführten Aussagen an, die auf dich zutreffen. Natürlich solltest du dabei ehrlich sein!

- ☐ Ich suche aus, welchen Film ich sehen will.
- ☐ Wenn es ein lahmer Film ist, schalte ich ihn wieder aus.
- ☐ Wenn ich Hunger habe, sage ich es.
- ☐ Ich bleibe genauso lange wie die anderen vor dem Fernseher sitzen.
- ☐ Ich beobachte, welche Entscheidungen die anderen treffen.
- ☐ Wenn der Film Gewaltszenen oder schlechte Ausdrücke enthält, schalte ich das Gerät ab.
- ☐ Ich achte darauf, dass wir die Küche sauber hinterlassen.
- ☐ Ich lege den Film ein.
- ☐ Ich sehe nach, was es in der Vorratskammer oder im Kühlschrank zu essen gibt.
- ☐ Ich sehe nach, ob ein Film dabei ist, der eigentlich nur für Ältere bestimmt ist. Das ist *die* Gelegenheit, ihn zu gucken!
- ☐ Wenn es ein lahmer Film ist, mache ich in der Zwischenzeit etwas anderes.
- ☐ Ich esse und trinke natürlich genau dasselbe wie die anderen, weil es einfach Spaß macht.

Finde jetzt anhand der unten stehenden Beschreibungen heraus, welcher Typ du bist. Wahrscheinlich hast du auch Antworten angekreuzt, die nicht nur auf einen einzigen Typ zutreffen. Das liegt daran, dass wir Menschen eben sehr komplex sind. Nimm diese Übersicht einfach als Hilfe, um zu erkennen, welche Entscheidungen gut für dich sind und welche nicht. Das, was du über dich selbst herausfindest, kann dir später eine Hilfe sein, wenn du größere Entscheidungen treffen musst, die schwerwiegendere Konsequenzen haben.

Du bestimmst die Regeln.
- Ich suche aus, welchen Film ich sehen will.
- Wenn ich Hunger habe, sage ich es.
- Wenn es ein lahmer Film ist, schalte ich ihn wieder aus.

Du bist sehr dominant, wenn du mit deinen Freundinnen zusammen bist. Oft bist du diejenige, die bestimmt, was ihr macht und wie ihr etwas macht. Du kannst deinen Einfluss dafür nutzen, dass ihr Spaß zusammen habt und nicht in Schwierigkeiten geratet. Pass aber auf, dass du die anderen nicht zu sehr herumkommandierst und sei bereit, auch die anderen entscheiden zu lassen.

Du hältst dich an Regeln.
- Ich lege den Film ein.
- Ich achte darauf, dass wir die Küche sauber hinterlassen.
- Wenn der Film Gewaltszenen oder schlechte Ausdrücke enthält, schalte ich das Gerät ab.

Du bestimmst zwar nicht die Regeln, aber du kennst sie genau und achtest darauf, dass auch die anderen sie kennen. Du hältst sie ein, auch wenn die anderen das nicht tun. Das ist besonders dann gut, wenn es um schwerwiegendere Entscheidungen geht. Aber denke daran, dass du nicht verantwortlich dafür bist, wie die anderen sich entscheiden. Es ist also nicht nötig, dass du immer die Rolle des »Aufpassers« übernimmst.

Du richtest dich nach den anderen.
- Ich beobachte, welche Entscheidungen die anderen treffen.
- Ich esse und trinke natürlich genau dasselbe wie die anderen, weil es einfach Spaß macht.
- Ich bleibe genauso lange wie die anderen vor dem Fernseher sitzen.

Mit dir kann man sehr gut auskommen, und in deinem Freundeskreis hat niemand Ärger mit dir, weil du so ein liebenswürdiges Wesen hast. Gut, wenn man selbstlos ist, aber pass auf, dass du dich nicht auch dann nach den anderen richtest, wenn es um Sachen geht, die nicht gut sind. Steh notfalls für das ein, was richtig ist.

Deine Einstellung ist:
- Regeln sind dazu da, dass man sie bricht.
- Ich sehe nach, ob ein Film dabei ist, der eigentlich nur für Ältere bestimmt ist.
- Ich sehe nach, was es in der Vorratskammer oder im Kühlschrank zu essen gibt.
- Wenn es ein lahmer Film ist, mache ich in der Zwischenzeit etwas anderes.

Du bist ziemlich selbstständig und unabhängig und willst herausfinden, welche Möglichkeiten dir das Leben bietet. Du hast keine Angst davor, Risiken einzugehen oder bei Regeln die äußerste Grenze auszureizen (manche Regeln sind für dich einfach nicht überzeugend genug). Nutze deinen Abenteuersinn dafür, deine Freunde infrage zu stellen, wenn sie ohne nachzudenken einfach nur mit den anderen mitziehen wollen – und sich dabei in die falsche Richtung bewegen. Achte darauf, dass du mutige Entscheidungen triffst und nicht aus Rebellion handelst.

Jetzt kann's losgehen!

Jetzt ist ein guter Zeitpunkt, deine Freundinnen zusammenzutrommeln, um mit ihnen gemeinsam einen Plan auszuhecken, wie ihr damit umgehen wollt, wenn ihr mit zweifelhaften Dingen oder schlechten Verhaltensweisen anderer konfrontiert werdet oder unter Gruppendruck steht. Denn das wird früher oder später garantiert der Fall sein. Gute Entscheidungen zu treffen ist viel leichter, wenn man in Gesellschaft Gleichgesinnter ist und nicht alleine dasteht.

Das brauchst du

- natürlich deine Freundinnen
- dieses Buch
- Bleistift und Papier
- einen Computer oder schönes Briefpapier und Stifte

Und so geht's

- Betet gemeinsam dafür, dass Gott euch die richtigen Lösungen zeigt.

- Lest dieses Kapitel gemeinsam durch und macht eine Liste von den Problemen, mit denen ihr voraussichtlich konfrontiert werdet (oder die ihr schon kennt). Auf eurer Liste könnten beispielsweise Dinge wie Alkohol, Zigaretten, zu laute Musik hören, blöde Anmache von Jungs usw. stehen. Lasst zwischen jedem Punkt ein paar Zeilen frei.

▶ Sprecht über die einzelnen Punkte und findet heraus,
 – wie eure Einstellung dazu ist. (Empfindet ihr es als falsch, als ungesund oder als eklig?)
 – wie ihr euch dagegen wehren wollt. (Weglaufen? Nicht mit Leuten abhängen, die diese Gewohnheit haben? Euch gegenseitig anrufen, wenn ihr in Versuchung kommt?)
 – wie du in deinem Umfeld dagegen ankämpfen kannst. (Andere Kids, die sich falsch verhalten, zur Rede stellen? Slogans auf T-Shirts drucken? Dich mit anderen Mädchen anfreunden, die unter Druck gesetzt werden?)

▶ Tippt euren Plan in einen Computer und druckt für jeden ein Exemplar aus. Oder ihr sprecht über eure Einfälle und jeder nimmt sich ein schönes Blatt Papier und schreibt für sich mit (ein paar Snacks dürfen dabei natürlich nicht fehlen!). Hinterher könnt ihr euer Exemplar dann noch mit kleinen Zeichnungen oder aufgeklebten Bildern verzieren.

Um diese Erkenntnis wirst du reicher

▶ Du bist nun reif genug, um zu wissen, wie ein »echter« Erwachsener Entscheidungen trifft.
▶ Du kannst eine klare Haltung zu diesen Dingen entwickeln und brauchst nicht nur zu hoffen, dass du selbst nie in so eine Lage kommst.
▶ Du bist nicht allein, wenn du mit schwierigen

Situationen konfrontiert wirst. Du hast Gott und deine
Freunde, die zu dir stehen.

▸ Das Leben macht einfach mehr Spaß, wenn du und
deine Freunde gesund sind und ihr keinen Mist baut.

Sonst noch was?

Ich geb es zu: Es ist nicht immer so einfach. Lies dir deinen
Plan immer wieder durch, und dann geh raus und setz ihn
in die Tat um. Denk dran: Gott ist auf jeden Fall an deiner
Seite!

Meine Notizen

Jetzt, wo ich mit meinen Freunden einen Plan gemacht habe, fühle ich mich besser in Bezug auf

_____

_____

_____

Wir haben den Plan schon in folgender Situation angewendet:

_____

_____

_____

Wahrscheinlich werde ich ihn brauchen, weil

_____

_____

_____

KAPITEL 9:
Veränderungen

Es klingelte an der Tür, aber Conny sprang nicht sofort auf, um sie zu öffnen. Ihre Blicke wanderten noch einmal durchs Wohnzimmer. Der Tisch bog sich schon fast unter der Last der vielen Köstlichkeiten: eine riesige Schüssel mit frischen Früchten, eine voll beladene Platte mit rohem, kleingeschnittenem Gemüse sowie eine Platte mit Vollkorncrackern, Käsescheiben und Putenwurst.

Musik schwebte durch den Raum. Die Lieblings-CDs ihrer Freundinnen lagen aufgestapelt neben dem CD-Player, die Lautstärke war auf 6 gestellt.

Alle Möbel waren an die Wand geschoben, damit sie genügend Platz zum Feiern und Tanzen hatten. Später, wenn sie irgendwann vor Erschöpfung umfielen, konnten sie dann auf dem Teppich ihre Schlafsäcke ausrollen.

Alles war perfekt. Sogar ihre kleinen Brüder waren für diese Nacht vom Vater zur Oma gebracht worden. Sie konnten also ungestört über Mädchenthemen reden, ohne dabei Angst haben zu müssen, dass sie beobachtet oder gar belauscht wurden.

An der Tür klingelte es ein zweites Mal, und Conny flitzte durch den Flur, um Anna, Nina und Sophie hereinzulassen. Sekunden später drang aus dem Wohnzimmer das Gekicher der Mädchen, die erst einmal ihre Taschen fallen ließen und sich dann umarmten. Conny konnte sich ein Grinsen nicht verkneifen.

»Seht mal das ganze Essen dort«, rief Anna begeistert.

Sophie äugte ihr über die Schulter. »Keine Chips?«

»Conny, hast du mal 'ne Limo für mich?«, fragte Nina.

Das hatte Conny erwartet. Sie lächelte bloß und fragte zurück: »Wie wär's mit etwas Saft?«

Die anderen starrten sie verwundert an und blinzelten. Dann zuckte Sophie mit den Schultern und huschte zum CD-Player hinüber. Sie drehte die Lautstärke auf 9.

»Ich liebe diesen Song!«, schwärmte sie laut.

»Was?«, rief Nina.

Anna stieß Conny an. »Dreht mal leiser. Ich muss euch unbedingt was erzählen.«

Nina stellte die Musik ab, und die Mädchen setzten sich gespannt auf den Boden. Annas Augen funkelten. Sie konnte es kaum abwarten, ihre Neuigkeiten loszuwerden.

»Diese Woche war meine Cousine da – ihr wisst schon, die, die schon 15 ist …«

Alle nickten. Conny erinnerte sich noch gut an diese Cousine. Sie hatte eine Figur wie ein Model und sie roch immer so gut.

»Jedenfalls«, fuhr Anna fort, »hat sie mir alles erzählt, was man wissen muss, wenn man seine Tage bekommt. Manches wäre uns im Traum nicht eingefallen!«

Conny bezweifelte das. Ihre Mutter hatte ihr seit Wochen alle Fragen beantwortet, die ihr zu diesem Thema einfielen. Sie konnte sich nicht vorstellen, dass es da noch mehr »Geheimnisse« gab.

»Was denn zum Beispiel?«, fragte Nina neugierig.

Sophie sah aus, als ob sie den Atem anhielt.

»Also«, begann Anna wichtigtuerisch und setzte sich aufrecht hin. »Deine Brüste können doppelt so groß werden, bevor die Pubertät überhaupt bei dir einsetzt.«

»Nie im Leben!« Ungläubig schüttelte Sophie den Kopf.

Und Conny war ganz ihrer Meinung.

»Ihr müsst euch einen BH mit zwei unterschiedlichen Körbchengrößen besorgen.«

»Echt?«, riefen Sophie und Nina im Chor.

»Und wenn du gerade deine Periode hast, solltest du auf keinen Fall zum Zahnarzt gehen, weil er das sofort herausfinden würde. Jungs können das übrigens auch merken. Das hat irgendetwas mit dem Atem zu tun.«

»Du meinst, Felix, der nervige Typ aus meiner Klasse, würde das mitkriegen?« Nina war entsetzt. Ihr fielen fast die Augen aus dem Kopf. »Aber wie denn?«

»Ach, und sie hat außerdem gesagt ...«

»Halt«, unterbrach Conny sie laut.

Anna sah Conny an, mit ihren Lippen formte sie schon das nächste Wort. Nina und Sophie warteten. Conny holte tief Luft und fing an zu reden ...

Was nun?

Unter »Meine Notizen« am Ende des Kapitels hast du die Möglichkeit, Connys Geschichte zu Ende zu schreiben. Sie hat inzwischen einiges gelernt. Ich hoffe, dir geht es genauso.

Frag doch mal Gott!

Wenn man in den ersten Kapiteln der Bibel, im 1. Buch Mose, die Geschichte liest, wie Gott die Welt erschaffen hat, gerät man unwillkürlich ins Staunen über Gottes Fantasie.

Dunkelheit. Licht. Himmel. Erde. Meere. Jede Art von Pflanzen, Bäumen und Samen. Sterne. Jahreszeiten. Sonne. Wasser, in dem es vor lebenden Kreaturen nur so wimmelt.

Das nennt man Kreativität!

Als Gott dann den Menschen erschuf, gab er ihnen den

»besonderen Pfiff«, der weit über unsere Vorstellungskraft hinausgeht:

So schuf Gott die Menschen nach seinem Bild, nach dem Bild Gottes schuf er sie, als Mann und Frau schuf er sie.

1. Mose 1, 27

Wir können uns kaum vorstellen, wie sorgfältig Gott dabei vorgegangen ist. Allein die Pubertät ist für unseren Verstand total verwirrend – die ganzen Details, die dazu gehören; wie alles zusammenwirken muss, damit du eine Frau wirst.

Nicht zu vergessen ist die Tatsache, dass jeder von uns anders aussieht. Es gibt keine zwei Menschen, die sich exakt gleichen. Wir sind genau so, wie Gott uns gewollt hat. In Gottes Augen bist du also ein tolles und einzigartiges Mädchen. Und noch drei weitere Dinge kannst du aus diesem Vers ableiten:

1. Gott hatte eine genaue Vorstellung davon, wie du aussehen solltest, und so hat er dich dann auch geschaffen. Du bist also genau so, wie er dich haben wollte. (Lies mal Psalm 139,14–17!)
2. Deshalb solltest du deinen Körper schätzen und lieben.
3. Du bist dafür verantwortlich, dass du dich gut um ihn kümmerst.

Vergleiche mit anderen sind hier fehl am Platz. Sag nicht: »Ich wünschte, ich wäre so dünn wie ›Miss Perfect‹ dort drüben.« Oder: »Endlich hab ich richtige Brüste und seh nicht mehr aus wie Tischlers Tochter.«

Gott will auch nicht, dass du dich selbst hasst. Spar dir also Kommentare wie: »Ich bin so fett. Ab jetzt werde ich hungern.« Oder: »Ist doch egal, ob ich Sport mache oder nicht. Ich seh doch sowieso aus wie ein Elefant.«

Außerdem hat keiner gesagt, dass du die Verantwortung, die du für dich selbst trägst, auf andere abschieben sollst: »Ich kann doch nichts dafür, dass es in der Schulkantine immer nur fettige Pizza gibt.« Oder: »In meiner Familie ist keiner besonders sportlich. Wir sehen uns lieber gemeinsam Filme an.« Alles faule Ausreden!

Klare Sache, oder? Dein Körper ist etwas Kostbares, und du sollst ihn lieben. Mach das Beste aus dir und achte so gut wie möglich auf dich. Denn das ist, was Gott von dir will.

Teste dich!

In diesem Buch hast du gelernt, was es heißt, deinen Körper zu lieben und für ihn zu sorgen. Ohne Zweifel, das ist nicht immer ganz einfach – besonders in dieser Phase deines Lebens, wo dein Körper sich manchmal jeden Tag anders anfühlt und er sich ständig verändert! Check mal, wie du vorankommst, und wo du schon richtig stolz auf dich sein kannst. Und dann schau, woran du als Nächstes arbeiten könntest. Auf diese Weise wirst du dich zu einer wundervollen Frau entwickeln – so, wie Gott dich immer haben wollte.

Kreuze die Punkte an, die auf dich zutreffen bzw. die du bereits umgesetzt hast oder gerade versuchst umzusetzen.

☐ Ich verstehe jetzt, was in meinem Körper während der Pubertät passiert.

- [ ] Ich habe mir einen bequemen BH gekauft oder weiß, welche Größe ich habe und welche Form ich gerne ausprobieren möchte.
- [ ] Ich weiß, dass ich genau an dem Punkt bin, wo Gott mich haben will. Deshalb bin ich in meiner Entwicklung weder »frühreif« noch ein »Spätzünder«.
- [ ] Für meine erste oder nächste Periode habe ich alles bereit.
- [ ] Ich habe einen »persönlichen Fitnessplan«, um sichergehen zu können, dass ich genügend Sport treibe.
- [ ] Ich ernähre mich gesund und richte mich dabei nach der Ernährungspyramide.
- [ ] Jede Nacht schlafe ich mindestens acht Stunden.
- [ ] Ich werde keine Diät machen, es sei denn, mein Arzt hat mir dazu geraten.
- [ ] Pro Tag trinke ich mindestens acht Gläser Wasser.
- [ ] Ich dusche jeden Tag.
- [ ] Ich bin jeden Tag sauber gekleidet.
- [ ] Falls nötig, benutze ich jeden Tag ein Deo oder ein Antitranspirant.
- [ ] Ich habe schriftlich festgehalten, wie ich mich in bestimmten Situationen Jungs gegenüber verhalten werde.
- [ ] Ich habe einen Plan, wie ich mit Gruppendruck, fragwürdigen Dingen und schlechten Verhaltensweisen anderer umgehen werde.
- [ ] Ich habe eine Mädchenclique, die mir hilft, durch die Pubertät zu kommen.
- [ ] Wenn Probleme auftauchen, die mich beunruhigen oder verunsichern, wende ich mich an einen Erwachsenen, dem ich vertraue.

Jetzt kann's losgehen!

Blättere noch einmal zum Anfang dieses Kapitels und lies dir Connys Geschichte durch.

Nachdem du dieses Buch nun gelesen (und hoffentlich viel dabei gelernt hast), überlege dir mal, was Conny ihren Freundinnen erwidern könnte. Wie könnte sie mit ihnen darüber sprechen, dass Anna ein völlig falsches Bild von der Pubertät vermittelt? Was denkst du, wie sich Conny bei diesem Gespräch fühlt?

Wenn du magst, schreib die Fortsetzung der Geschichte auf, so wie du sie dir vorstellst.

Meine Notizen

Seit ich damit angefangen habe, besser für meinen Körper zu sorgen, ist mir aufgefallen, dass

_____

_____

_____

Jemand hat gesagt, dass er/sie folgende positive Veränderung an mir bemerkt hat:

_____

_____

_____

Ich spüre, dass mein Körper jetzt wie ein »Tempel« ist, in dem Gott wohnt, weil

_____

_____

_____

Schönheitskur für Seele und Geist.

Schönheit kommt bekanntlich von innen. Echtheit vor Gott und sich selbst auch. Genau darum geht es in den 77 Andachten von Rebecca St. James: ums Frauwerden, um Nachfolge, Werte, Träume, Sehnsüchte und darum, wie man authentisch leben und glauben kann. Um Vergebung, den Umgang mit Problemen, um wahre Liebe und Vertrauen. Dabei erzählt Rebecca auch Persönliches aus ihrem eigenen Leben und von ihren Erfahrungen. Jeder Andacht schließen sich ein konkreter Impuls und vertiefende Fragen an.

Diese Andachten sind eine wahre Schönheitskur für Leib, Seele und Geist! Ideal für Mädchen ab 12 Jahren.

Rebecca St. James · Das pure Leben
77 Andachten für Mädchen.
Klappenbroschur · 256 Seiten · ISBN 978-3-86591-488-0